Peter Boge

**Esoterismo cuántico algorítmico -**

AF182515

FSC
www.fsc.org
MIX
Papier aus verantwortungsvollen Quellen
Paper from responsible sources
FSC® C105338

# Esoterismo cuántico algorítmico

## Descifrando las fuerzas invisibles que dirigen los flujos financieros mundiales

Peter Boge

Libro de no ficción

**Aviso legal**

Información bibliográfica de la Biblioteca Nacional Alemana: La Biblioteca Nacional Alemana incluye esta publicación en la Bibliografía Nacional Alemana; los datos bibliográficos detallados pueden consultarse en Internet en http://dnb.dnb.de.

Queda prohibido el análisis automatizado de la obra con el fin de obtener información, en particular sobre patrones, tendencias y correlaciones, de conformidad con el artículo 44b de la Ley de Propiedad Intelectual (UrhG) («minería de textos y datos»).

© 2026 Peter Boge

Patreon: https://www.patreon.com/cw/authorpeterboge
Substack: https://substack.com/@peterboge
Página web del autor: https://peter.boge.com.gt/author/

Editorial: BoD · Books on Demand, Calle de Manzanares 4, 28005 Madrid, bod@bod.com.es

Impresión: Libri Plureos GmbH, Friedensallee 273, 22763 Hamburg (Alemania)
ISBN: 978-36-9635-614-9

## ÍNDICE

# PRÓLOGO – LAS FUERZAS INVISIBLES

**Descifrando la esotericia algorítmica**
*Desde los sacerdotes de los templos de Mesopotamia hasta los algoritmos cuánticos de los mercados financieros*

*"Las fuerzas más poderosas de una época son a menudo aquellas que casi nadie ve."*

---

## El sonido de la invisibilidad

No hay campanada que anuncie el comienzo de un nuevo mundo.
Ni fanfarrias.
Ni revoluciones en las calles.

Las mayores convulsiones de la historia suelen ocurrir en silencio.
El Imperio Romano no cayó en un solo día.
El sistema feudal no desapareció de la noche a la mañana.
La Revolución Industrial no comenzó con una declaración oficial.
Y la revolución digital tampoco fue proclamada.
Simplemente ocurrió.
Mientras la mayoría de la gente seguía viviendo su vida cotidiana.

Hoy estamos experimentando otra transición de este tipo.

Pero esta vez no afecta solo a nuestras herramientas.
Afecta a la estructura misma de la realidad.

---

**La nueva invisibilidad**

El ser humano moderno vive en un mundo moldeado por decisiones que nunca ve.

Cuando un billete de avión se vuelve repentinamente más caro.
Cuando un préstamo es aprobado o denegado.
Cuando una acción sube.
Cuando aparece una publicación en una red social.
Cuando miles de millones de capital abandonan un continente.

Detrás de estos eventos hay cada vez menos un ser humano.
Entre causa y efecto se interpone hoy cada vez más un algoritmo.
No como herramienta.
Sino como instancia independiente de decisión.

Esta es la verdadera revolución de nuestro tiempo.
No la digitalización.
No internet.
No la inteligencia artificial.
Sino el desplazamiento del poder de decisión.

## Del poder visible al poder invisible

Históricamente, el poder era reconocible.
El rey llevaba corona.
El general comandaba un ejército.
El sacerdote hablaba ante una congregación.
El dueño de la fábrica poseía sus máquinas.

El poder tenía rostro.
Se podía ver.
Se podía combatir.
Se podía derrocar.

Pero el poder del siglo XXI a menudo ya no tiene cuerpo.
Existe como:

- un modelo matemático
- una función de optimización
- una red neuronal
- un algoritmo de trading
- una infraestructura de datos

El nuevo poder no está oculto porque sea secreto.
Está oculto porque se ha vuelto demasiado complejo.

---

## El nacimiento de la esotericia algorítmica

La palabra "esoterismo" proviene del griego.
Originalmente designaba el conocimiento para un círculo interior.
Conocimiento que no estaba destinado a todos.

La sociedad moderna se considera lo contrario.
Creemos en:

- transparencia
- ciencia
- publicidad
- ilustración

Pero paradójicamente, este mismo desarrollo genera nuevas formas de esoterismo.
No mediante el secreto.
Sino mediante la complejidad.

La mayoría de las personas no entienden:

- la creación de dinero
- los derivados
- el comercio de alta frecuencia
- las redes neuronales
- la criptografía
- la computación cuántica

No porque estos sistemas sean secretos.
Sino porque su complejidad supera los límites de la intuición humana.
Así surge una nueva forma de conocimiento oculto.
Una esotericia algorítmica.

## Los mercados financieros como vanguardia del futuro

En ningún lado esta evolución es más evidente que en los mercados financieros globales.
Los mercados financieros siempre han sido laboratorios de poder.
Aquí se probaron innovaciones mucho antes de que llegaran a la sociedad:

- la partida doble
- los seguros
- los bancos centrales
- la comunicación global
- la informatización

Hoy los mercados vuelven a ser un campo de experimentación.
Esta vez para las máquinas.
Ya ahora, una parte considerable del volumen de operaciones ya no es desencadenada por humanos.
Sino por sistemas.

Estos sistemas analizan:

- flujos de noticias
- datos satelitales
- datos meteorológicos
- cadenas de suministro
- redes sociales
- eventos geopolíticos

y reaccionan en plazos que la percepción humana ya no puede captar.

El humano observa.
La máquina actúa.

---

**La transición del pensar al calcular**

Aquí reside la verdadera cesura.
Las generaciones anteriores suponían que las decisiones surgen del pensamiento.
Un humano analiza.
Un humano juzga.
Un humano decide.

Pero los sistemas modernos siguen otra lógica.
No entienden.
Calculan.
Y sin embargo, a menudo obtienen mejores resultados.

Esto cuestiona una de las suposiciones más profundas de la modernidad:
La idea de que la comprensión es un requisito para la acción.
Las máquinas actúan con éxito sin comprender.
Los humanos a menudo entienden sin actuar con éxito.
Entre ambos surge una creciente disparidad de poder.

---

**El paradigma cuántico**

La siguiente etapa de desarrollo podría estar ya en el horizonte.
El término "comercio cuántico" a menudo se

malinterpreta.
No se trata principalmente de ordenadores exóticos.
Se trata de una nueva forma de pensar.

El mundo clásico pregunta:
¿Qué solución es la correcta?
El mundo cuántico pregunta:
¿Qué posibilidades existen simultáneamente?

Mientras los sistemas tradicionales buscan respuestas, los sistemas cuánticos recorren paisajes enteros de futuros posibles.
La importancia de este cambio difícilmente puede exagerarse.
Porque quien puede analizar muchos futuros posibles a la vez obtiene una ventaja sobre aquellos que solo consideran un futuro.
El poder se convierte así en la capacidad de dominar espacios de probabilidad.

---

**La nueva aristocracia**

Cada época produce sus elites.
En la Edad Media fue la nobleza.
En la era industrial, los dueños de fábricas.
En la era financiera, los banqueros.

En la era algorítmica están surgiendo nuevos centros de poder.
No necesariamente visibles.
No necesariamente legitimados democráticamente.
Pero de enorme alcance.

El recurso decisivo ahora es:
Predicción.

Quien pueda predecir el comportamiento –

- de los mercados,
- de los consumidores,
- de los votantes,
- de los estados –

gana poder estructural.
No mediante la coerción.
Sino mediante la anticipación.

---

**La nueva metafísica financiera**

En este punto, la tecnología toca la filosofía.
Porque los mercados modernos desarrollan propiedades que antes se atribuían a los sistemas religiosos.
Aparecen:

- omnipresentes
- invisibles
- complejos
- impersonales

Recompensan y castigan. Generan riqueza y crisis.
Influyen en miles de millones de personas.
Pero nadie los controla por completo.

Esto recuerda una antigua experiencia humana:
El encuentro con fuerzas que parecen más grandes que el individuo.
Antes se llamaban dioses. Hoy se llaman mercados.
Mañana quizás algoritmos.

---

**La verdadera cuestión**

Este libro no trata sobre ordenadores.
No trata sobre inteligencia artificial. Ni siquiera principalmente sobre mercados financieros.
Trata sobre el poder.
Sobre la pregunta más antigua de la civilización:
¿Quién decide?

Y una nueva pregunta:
¿Qué sucede cuando quienes deciden ya no son humanos?

Quizás no estamos experimentando una revolución tecnológica.
Quizás estamos asistiendo al surgimiento de una nueva forma de dominio.
No mediante la violencia.
No mediante la ideología.
No mediante la religión.
Sino mediante el cálculo.

**La mirada detrás del telón**

Los siguientes capítulos son un viaje.
Desde los templos de Mesopotamia hasta los centros de datos del presente.
Desde los sacerdotes de la antigüedad hasta los arquitectos de la inteligencia artificial.
Desde los primeros contables hasta los desarrolladores de modelos inspirados en lo cuántico.

Es la historia de una continua búsqueda de previsibilidad.
De control.
De orden.
Y por tanto, la historia del poder mismo.

Porque la verdadera cuestión no es:
¿Pueden los algoritmos cambiar el mundo?
Sino:
¿Ya han comenzado a hacerlo – mientras nosotros aún intentamos entender qué está sucediendo?

La respuesta a esta pregunta puede determinar la forma política, económica y cultural del siglo XXI.

Y aquí es precisamente donde comienza nuestra investigación.

# PARTE I: EL NACIMIENTO DE LA INVISIBILIDAD

## Capítulo 1 – La invención del orden oculto

*Cómo el poder surgió a partir de la información*

*"La primera gran revolución de la humanidad no fue la agricultura. Fue la administración de la agricultura."*

---

### El error del poder visible

Cuando las personas piensan en los orígenes del poder, a menudo imaginan armas.
Piensan en:

- reyes
- ejércitos
- conquistas
- murallas
- palacios

Pero esta noción es insuficiente. La violencia puede establecer el dominio, pero no puede organizarlo permanentemente.
Ningún rey puede supervisar a cada campesino. Ningún ejército puede controlar cada cosecha. Ningún gobernante puede tomar millones de decisiones personalmente cada día.

La verdadera base de toda sociedad compleja nunca fue solo la violencia.
Fue la información.

La historia del poder no comienza con la espada.
Comienza con la lista.

---

**El momento en que los números se volvieron más importantes que los músculos**

Hace unos diez mil años, la historia de la humanidad cambió fundamentalmente.
Los cazadores-recolectores se volvieron sedentarios.
Surgió la agricultura.
Con la agricultura llegó un nuevo problema.

De repente, la gente necesitaba saber:

- ¿A quién pertenece qué campo?
- ¿Quién debe qué grano a quién?
- ¿Qué tamaño tienen las reservas?
- ¿Cuántos animales posee una familia?
- ¿Cuántos trabajadores se necesitan?

La naturaleza ya no era el mayor problema.
La complejidad se convirtió en el problema.

Con cada persona adicional, la cantidad de información crecía exponencialmente.
Surgió una nueva necesidad:
Administración.

Y aquí es precisamente donde comienza la historia del poder invisible.

---

**Mesopotamia: el nacimiento del dominio de la información**

Las primeras ciudades de Mesopotamia no eran solo centros religiosos.
Eran centros de datos.

Los templos de Uruk, Eridu o Lagash funcionaban como:

- almacenes
- centros administrativos
- archivos
- autoridades fiscales
- oficinas de planificación económica

En los libros de texto escolares, el templo aparece a menudo como un sitio religioso.
En realidad, fue la primera gran administración de la historia de la humanidad.

El sacerdote no era solo un mediador entre humanos y dioses.
Era:

- contable
- logístico
- gestor económico
- administrador de datos

El templo organizaba la sociedad.
La religión era a menudo la capa legitimadora sobre un aparato administrativo más profundo.

---

**La invención de la escritura no fue una revolución literaria**

Uno de los mayores malentendidos de la historia se refiere a la escritura.
Mucha gente cree:
La escritura surgió para las historias.
Para la poesía.
Para la filosofía.

La arqueología muestra otra cosa.
Los caracteres escritos más antiguos servían principalmente para la contabilidad.
Grano.
Cabras.
Horas de trabajo.
Impuestos.
Entregas.

Los primeros escribas no registraban mitos.
Registraban inventarios.

La escritura no surgió del deseo de expresión.
Sino de la necesidad de control.

Antes de que los humanos gestionaran ideas, gestionaban suministros.

## La primera caja negra

Para el campesino común, los mecanismos administrativos del templo eran difícilmente comprensibles.
Él sabía:

- Entrega grano.
- El templo distribuye recursos.
- Se toman decisiones.

Pero la lógica completa del sistema permanecía oculta.
Solo unas pocas personas entendían:

- los registros
- los cálculos
- la planificación de inventarios
- las claves de distribución

Aquí surge algo que existe hasta hoy:
La caja negra.

Un sistema cuyos resultados son visibles, pero cuyo funcionamiento interno solo es accesible para una pequeña elite.
La sociedad moderna piensa que las cajas negras son un producto de la era de las computadoras.
En verdad, han acompañado a la civilización desde sus inicios.

## El nacimiento de la clase experta

Con la complejidad surgió un nuevo grupo social.
No los más fuertes.
No los más ricos.
Sino aquellos que dominaban la información.

Los escribas de Mesopotamia a menudo requerían años de formación.
Aprendían:

- signos
- cálculos
- procedimientos administrativos

La mayoría de la población permanecía analfabeta.
Así surgió una brecha de información.
Esa brecha se convirtió en poder.

Los escribas se convirtieron en las primeras elites de conocimiento de la historia.
Fueron los antepasados de:

- burócratas modernos
- economistas
- estadísticos
- programadores
- científicos de datos

Las herramientas cambiaron.
La función permaneció igual.

## Por qué los humanos aceptan sistemas invisibles

Aquí encontramos una de las preguntas más importantes de este libro.
¿Por qué las personas aceptan sistemas que no entienden?

La respuesta es sorprendentemente simple.
Porque estos sistemas funcionan.

El campesino no necesitaba entender cómo calculaba el templo.
Solo necesitaba experimentar que:

- había suministros disponibles
- el riego funcionaba
- el comercio estaba organizado

La legitimidad surgía de los resultados.
No de la transparencia.

Este principio ha acompañado a la humanidad hasta hoy.
Solo unas pocas personas entienden:

- los bancos centrales
- los mercados financieros globales
- la producción de semiconductores
- las redes neuronales

Sin embargo, aceptamos su existencia.
Porque producen resultados.

El mundo moderno se basa en la confianza en sistemas que no podemos comprender completamente.

---

**El contrato invisible de la civilización**

Toda sociedad compleja se basa en un intercambio tácito.
La mayoría renuncia a la comprensión completa.
Una minoría asume la administración y organización.

A cambio promete:

- orden
- estabilidad
- prosperidad

Este contrato fue la base de:

- imperios antiguos
- estados medievales
- democracias modernas

Pero contiene un riesgo.
Cuanto mayor es la asimetría de información, mayor es el poder de los administradores.
En algún momento, la sociedad ya no entiende cómo funcionan los sistemas que la sostienen.
Entonces surge la dependencia.

## De la administración del templo al algoritmo

A primera vista, parece haber mundos de diferencia entre un sacerdote mesopotámico y un desarrollador de inteligencia artificial.
Sin embargo, estructuralmente ambos cumplen el mismo rol.

Ambos gestionan complejidad.
Ambos traducen la realidad en símbolos abstractos.
Ambos toman decisiones basadas en información que otros no comprenden completamente.

La diferencia reside solo en el medio.
El sacerdote trabajaba con tablillas de arcilla.
El desarrollador trabaja con bases de datos.
El templo gestionaba grano.
El algoritmo gestiona capital.

La lógica sigue siendo sorprendentemente similar.

---

## La verdadera invención

El mayor invento de Mesopotamia no fue ni la escritura ni la ciudad.
Fue el reconocimiento de que las sociedades pueden organizarse a través de estructuras de información.

Este descubrimiento cambió la historia de la humanidad más profundamente que muchas guerras o dinastías.
Porque desde ese momento, el poder se volvió cada vez más invisible.

Migró:
del músculo a la información,
del guerrero al administrador,
del gobernante visible al sistema invisible.

La historia de la civilización no es, por tanto, solo la historia de reyes e imperios.
Es la historia de aquellos órdenes ocultos que determinan quién sabe, quién decide y quién obedece.

---

## Capítulo 2 – Los sacerdotes de los números

*Cómo las matemáticas se convirtieron en el lenguaje invisible del poder*

*"Quien domina los números, domina los patrones.*
*Quien domina los patrones, domina las decisiones.*
*Quien domina las decisiones, domina el mundo."*

---

### La segunda revolución del poder

En el capítulo anterior vimos cómo las primeras altas culturas produjeron una nueva forma de dominio: el dominio a través de la información.
Pero la información por sí sola no crea orden.
Las listas, los registros de inventario y los registros fiscales pueden recopilar datos, pero no explican el mundo.

Con el crecimiento de las primeras civilizaciones, surgió una nueva necesidad:
No solo saber lo que es.
Sino reconocer por qué sucede.

Aquí comienza la segunda gran revolución del poder.
El nacimiento de las matemáticas como lenguaje universal de la realidad.

---

**El descubrimiento de los patrones ocultos**

Para los pueblos de la antigüedad, el mundo estaba lleno de coincidencias aparentes.

- Las estaciones cambiaban.
- Los ríos se desbordaban.
- Las estrellas vagaban por el cielo.
- Las cosechas tenían éxito o fracasaban.

Pero en algún momento, algunos observadores reconocieron algo asombroso:
Detrás del caos se escondían regularidades.

El sol aparecía en ciclos fijos.
La luna seguía fases recurrentes.
Los planetas se movían según patrones.

El mundo no era completamente caótico.
Estaba ordenado.
Y este orden podía describirse.
Con números.

## El nacimiento de la elite matemática

Así surgió una nueva forma de conocimiento.
Mientras los sacerdotes de Mesopotamia gestionaban suministros, otros comenzaron a investigar la propia estructura de la realidad.

Los primeros astrónomos no eran científicos en el sentido moderno.
Eran tecnólogos del poder.

Quien controlaba el calendario controlaba:

- la siembra
- la cosecha
- las fiestas religiosas
- las fechas fiscales

La capacidad de predecir los movimientos celestes confería autoridad.
No porque fuera mágica.
Sino porque funcionaba.

La predicción se convirtió en la primera forma de poder científico.

---

## Pitágoras y el misticismo del número

Esto se hace especialmente evidente con el pensador griego Pitágoras.
Hoy se le recuerda por un teorema geométrico.
Sin embargo, su escuela era mucho más que una

academia matemática.
Era una doctrina secreta.

Para Pitágoras, los números no eran herramientas.
Eran la sustancia oculta del universo.

Los pitagóricos creían:
Todo es número.
Música.
Geometría.
Astronomía.
Política.
Incluso el alma.

Detrás de todos los fenómenos sospechaban relaciones matemáticas.
Esta idea puede parecer exótica hoy.
En verdad, forma la base de la ciencia moderna.
Y en última instancia, también de los mercados financieros modernos.

---

**El poder de la predicción**

Los gobernantes de la antigüedad captaron rápidamente el valor del conocimiento matemático.
Un general que pudiera calcular movimientos de tropas poseía ventajas.
Un constructor que entendiera la estática podía erigir monumentos.
Un administrador que pudiera pronosticar rendimientos aumentaba los ingresos fiscales.

Las matemáticas se convirtieron así en una tecnología del futuro.
Permitieron por primera vez:

- planificación
- simulación
- pronóstico

Estas son las mismas funciones que cumplen hoy los algoritmos modernos.
Las herramientas han cambiado.
La lógica no.

---

**Los números como nueva autoridad**

Se produjo un cambio profundo.
Antes, el poder se legitimaba por:

- linaje
- religión
- tradición

Con la difusión del pensamiento matemático surgió una nueva fuente de autoridad:
El cálculo.

Ya no solo el rey tenía razón.
Sino cada vez más aquel cuyo modelo podía describir mejor la realidad.

Aquí reside una de las raíces de las tecnocracias modernas.

La legitimación se desplaza:
de la verdad divina
a la precisión matemática.

---

**La invención de la probabilidad**

Hasta la Edad Media, las matemáticas seguían siendo principalmente la ciencia de lo medible.
Luego ocurrió algo revolucionario.
La gente empezó a calcular el azar mismo.

A partir de cuestiones del juego de azar se desarrolló la teoría de la probabilidad.
Los trabajos de pensadores como Blaise Pascal y Pierre de Fermat llevaron a una idea que cambiaría el mundo moderno:
Incluso la incertidumbre tiene estructura.
El azar no es ausencia de orden.
Sigue leyes estadísticas.

Este descubrimiento lo cambió todo.
Seguros.
Mercados financieros.
Economías.
Pronósticos demográficos.
Estrategias militares.

Los estados modernos se convirtieron cada vez más en máquinas de administración de probabilidades.

## La medición de la sociedad

En los siglos XVIII y XIX surgió otra revolución.
Los gobiernos comenzaron a contar sistemáticamente a su población.
Nacimientos.
Muertes.
Impuestos.
Profesiones
Enfermedades.

Por primera vez, la sociedad misma se convirtió en un objeto matemático.
Aquí surge la estadística.
El término deriva de *estado* (del latín *status*).
Originalmente, la estadística significaba:
conocimiento sobre el estado.

La población se convirtió en un paisaje de datos.
Las personas se convirtieron en variables.
La sociedad se volvió calculable.

---

## El nacimiento del oráculo moderno

Las culturas antiguas consultaban oráculos.
Las sociedades modernas consultan modelos.
La diferencia parece grande.
Sin embargo, estructuralmente los paralelismos son notables.

Ambos prometen:

•orientación
•pronóstico
•apoyo a la decisión

Cuando hoy los bancos centrales publican pronósticos, cuando los economistas crean modelos de crecimiento o los sistemas de riesgo evalúan los mercados financieros, ocurre algo similar que en los santuarios antiguos:
El futuro se traduce a un lenguaje que solo los especialistas entienden completamente.
La diferencia no está en la función.
Sino en la metodología.

---

**La religión invisible de la modernidad**

El mundo moderno se considera secular.
Sin embargo, posee sus propios sistemas de creencias.
Uno de ellos es la creencia en el número.

A menudo confiamos más en los números que en las personas.
Cuando un experto dice:
"Yo creo..."
nos mantenemos escépticos.
Cuando dice:
"Los datos muestran..."
tendemos a confiar más en él.

Los números crean un aura de objetividad.
Pero siempre son seleccionados, interpretados y modelados por humanos.

El número parece neutral.
Su aplicación nunca lo es.

---

## De las matemáticas al algoritmo

El desarrollo de las matemáticas condujo finalmente a una consecuencia radical.
Si el mundo es matemáticamente describible,
y si las máquinas pueden realizar operaciones matemáticas más rápido que los humanos,
entonces las máquinas pueden tomar ciertas decisiones mejor que sus creadores.

Aquí comienza la línea directa con los temas de este libro.
Porque los algoritmos no son seres extraños.
Son la última encarnación de una idea antigua:

La esperanza de que se pueda obtener orden a partir del cálculo.
Desde el astrónomo babilónico pasando por el místico pitagórico hasta el desarrollador de inteligencia artificial, se extiende un hilo común:
Detrás del mundo visible existen patrones.
Quien reconoce estos patrones gana poder.

---

## El nacimiento del nuevo sacerdocio

En el siglo XXI estamos asistiendo al regreso de una figura antigua.

Ya no en el templo.
Ya no en un observatorio.
Ya no en una administración real.
Sino en centros de datos, laboratorios de investigación e instituciones financieras.

Los nuevos sacerdotes no llevan túnicas.
Sus herramientas son:

- modelos
- algoritmos
- conjuntos de datos
- redes neuronales

Sin embargo, su función social se asemeja a la de sus predecesores históricos.
Interpretan una realidad que se ha vuelto demasiado compleja para la mayoría de las personas.
Traducen el caos en predicciones.
Y moldean decisiones que influyen en la vida de millones.

---

## Capítulo 3 – El nacimiento de la alquimia financiera

*Cómo los números se convirtieron en dinero, el dinero en poder y el poder en un sistema invisible*

*"El alquimista quería convertir el plomo en oro. El banquero descubrió algo mucho más poderoso: la capacidad de convertir promesas en riqueza."*

---

**La gran transformación**

La historia de la civilización conoce muchas revoluciones.
La agricultura convirtió la naturaleza en rendimiento.
La escritura convirtió la memoria en información.
Las matemáticas convirtieron la observación en cálculo.

Pero en algún momento surgió una innovación aún más profunda.
El descubrimiento de que los valores pueden existir sin estar materialmente presentes.

Este momento marca el nacimiento de lo que hoy llamamos sistema financiero.
Y al mismo tiempo, el nacimiento de una nueva forma de poder invisible.

---

**El enigma del dinero**

Casi todas las personas usan dinero.
Pocas entienden lo que realmente es.

La mayoría imagina el dinero como algo concreto:

- monedas
- oro
- plata
- billetes

Sin embargo, históricamente estos son solo soportes.
La verdadera esencia del dinero está en otra parte.

El dinero es confianza.
Nada más.
Y nada menos.

Una moneda de oro no posee un valor intrínseco que explique su poder adquisitivo.
Un billete es papel impreso.
Un saldo de cuenta digital es solo un registro de datos.

Su poder surge de la creencia compartida en su validez.
La historia del sistema financiero no es, por tanto, principalmente una historia de riqueza.
Es una historia de sistemas de creencias organizados.

---

**Los primeros sacerdotes financieros**

Ya en Mesopotamia, templos y palacios desarrollaron sistemas de crédito tempranos.
Se prestaba grano.
Se financiaban cosechas por adelantado.
Se documentaban deudas.

La mayoría de la gente no reconoce aún las finanzas modernas en esto.
Pero la idea básica ya estaba presente:
Un valor futuro se trasladaba al presente.

Aquí surgió uno de los descubrimientos más trascendentales de la historia de la humanidad:
El futuro puede ser comercializado.

---

**La magia de la promesa**

Imaginemos a un campesino.
Necesita semillas.
Pero la cosecha no llegará hasta dentro de meses.

Un préstamo resuelve este problema.
El prestamista acepta una promesa.
Aún no existe grano.
Aún no existe beneficio.
Sin embargo, el resultado esperado ya adquiere realidad económica hoy.

Esta idea aparentemente simple lo cambia todo.
Porque permite por primera vez:

- inversiones
- expansión
- comercio a través del tiempo
- crecimiento económico

Desde la perspectiva de la antigüedad, esto parece casi mágico.
Valores inexistentes generan acciones reales.

### La alquimia del futuro

Los alquimistas clásicos buscaban la piedra filosofal.
Querían transformar la materia.

El mundo financiero descubrió otra forma de transmutación.
Convirtió el tiempo en capital.

Todo préstamo es en esencia una apuesta sobre el futuro.
Toda inversión es una evaluación de posibilidades.
Todo precio de mercado contiene expectativas sobre eventos que aún no han ocurrido.

Los mercados financieros se convirtieron así en máquinas para calcular el futuro.
Mucho antes de que existieran los ordenadores.

---

### Los Médici y la arquitectura de la confianza

En la Europa de la Edad Media y el Renacimiento, este desarrollo adquirió nuevas formas.
Se hace especialmente evidente con la familia de Cosimo de Médici y el Banco de los Médici.

Su verdadera innovación no residía en la posesión de oro.
Sino en la organización de la confianza.

Un comerciante podía depositar dinero en Florencia.
Y acceder a él en Brujas o Londres.

No porque se transportara oro.
Sino porque existía una red de acuerdos.

La riqueza material pasó cada vez más a un segundo plano.
La información se volvió más importante que el metal.

---

**La desmaterialización del poder**

Aquí comienza un patrón que continúa hasta el presente.
Cuanto más complejo se volvía el sistema financiero, menos dependía de recursos físicos.

El poder migró:
del oro
a los documentos,
de los documentos
a los libros contables,
de los libros contables
a los ordenadores,
de los ordenadores
a los algoritmos.

La historia del sistema financiero es también la historia de la creciente desmaterialización del poder.

## La invención del banco central

Con el ascenso de los estados modernos surgió un nuevo desafío.
¿Quién controla la confianza misma?

La respuesta fue:
Bancos centrales.

Instituciones como el Banco de Inglaterra crearon un nuevo orden.
Ya no eran banqueros individuales quienes garantizaban la estabilidad.
Sino las instituciones.

Así surgió una nueva forma de creencia colectiva.
La gente ya no confiaba en personas individuales.
Sino en sistemas abstractos.

Esto marca un paso crucial hacia la arquitectura financiera moderna.

---

## El carácter invisible del dinero

Cuanto más exitosos se volvían los sistemas financieros, más invisibles se volvían sus mecanismos.
La mayoría de los ciudadanos hoy no entienden:

- la creación de dinero
- el mercado interbancario
- los bonos gubernamentales
- los derivados

- los balances de los bancos centrales

Sin embargo, confían en estos sistemas.
¿Por qué?
Porque funcionan.
O al menos dan la impresión de funcionar.

Aquí encontramos nuevamente el patrón básico del orden oculto:
La legitimidad no surge de la comprensión.
Sino de la estabilidad.

---

**El nacimiento de las matemáticas financieras**

En los siglos XIX y XX, el mundo de los números se fusiona con el mundo del dinero.
Los matemáticos entran en los mercados financieros.
Las compañías de seguros calculan riesgos.
Los bancos modelan impagos.
Los inversores analizan probabilidades.

El mundo financiero comienza a hablar el lenguaje de las matemáticas.
Esto cambia fundamentalmente su carácter.
El dinero ya no solo se administra.
Se modela.

## El sueño de la predicción perfecta

Con cada nuevo método matemático crece un viejo sueño:
Hacer calculable el futuro.

Si los riesgos pueden medirse,
entonces pueden controlarse.
Si los mercados pueden modelarse,
entonces pueden optimizarse.
Si el comportamiento puede predecirse,
entonces pueden maximizarse las ganancias.

Este sueño ha impulsado el desarrollo del mundo financiero moderno hasta hoy.
Es la verdadera fuerza motriz detrás de:

- la econometría
- la teoría de carteras
- los modelos de riesgo
- la inteligencia artificial
- la optimización cuántica

---

## La metafísica oculta del mercado

Con el tiempo, el mercado comienza a adquirir características que van mucho más allá de su función económica.
Se convierte en la máxima autoridad de valoración.
Las decisiones políticas se miden con él.
Las empresas se orientan por él.
Los estados temen sus reacciones.

Los gobiernos hablan de:

- confianza del mercado
- expectativas del mercado
- sentimiento del mercado

Casi como si el mercado poseyera su propia voluntad.
El mercado se convierte en la deidad moderna de la economía.
No porque la gente lo adore.
Sino porque se somete a sus juicios.

---

**El primer gran error**

Sin embargo, aquí surge una falacia peligrosa.
La gente empieza a creer:
Si los modelos son lo suficientemente complejos,
la incertidumbre desaparecerá.

La historia refuta repetidamente esta esperanza.
Cada crisis financiera enseña la misma lección:
La complejidad no elimina la incertidumbre.
Solo la desplaza.
A menudo a lugares que ya nadie ve.

---

**Los alquimistas de la modernidad**

En la Edad Media, los alquimistas trabajaban en secreto.
Buscaban fórmulas secretas.

Hoy existe una nueva clase de alquimistas.
Sus laboratorios son:

- bancos de inversión
- fondos de cobertura
- centros de investigación
- centros de datos

Sus herramientas son:

- modelos
- algoritmos
- datos
- simulaciones

Su misión sigue siendo sorprendentemente similar.
Intentan generar riqueza a partir del conocimiento.
Previsibilidad a partir de la incertidumbre.
El presente a partir del futuro.

---

**De la alquimia financiera a la economía de las máquinas**

La historia de este capítulo muestra un cambio decisivo.
Originalmente, el poder residía en la posesión.
Luego en la información.
Luego en el cálculo.

Ahora comienza una nueva fase.
Las máquinas asumen cada vez más aquellas tareas que antes estaban reservadas a los alquimistas financieros.

Los modelos se vuelven más complejos.
Los cálculos más rápidos.
Las decisiones más autónomas.

Paso a paso, el ser humano se aleja del centro del sistema.

---

**Observación final**

La mayor innovación de la historia financiera no fue el dinero.
Ni el banco.
Ni la bolsa.
Fue el descubrimiento de que el futuro es negociable.

Este descubrimiento creó el mundo moderno.
Pero al mismo tiempo produjo un sistema cuyos mecanismos internos son cada vez más difíciles de desentrañar.

La alquimia financiera comenzó como el arte de organizar la confianza.
Hoy se está desarrollando hacia la ciencia de la predicción algorítmica.

Y ahí es exactamente donde comienza la siguiente gran transformación.
Porque si el futuro puede calcularse, surge una nueva pregunta:
¿Qué sucede cuando no son los humanos sino las máquinas las que calculan el futuro?

Con esta pregunta entramos en la siguiente sección de nuestro viaje:
Las máquinas toman el control.

---

## Capítulo 4 – La muerte del corredor de piso

*Cómo las máquinas entraron en el mercado y el ser humano se convirtió en espectador*

*"Hubo un tiempo en que el mercado era un lugar. Hoy es un proceso."*

---

### El fin de una era

Cuando la gente piensa en bolsas de valores, a menudo ve las mismas imágenes:
Hombres con chaquetas de colores.
Gestos frenéticos.
Corredores gritando.
Papelitos.
Teléfonos.
Una atmósfera de caos controlado.

Estas imágenes moldearon durante más de un siglo la idea de cómo funcionan los mercados.
Pero este mundo ya casi no existe.
No fue destruido por una crisis.
No por una revolución.
No por una ley.
Desapareció en silencio.

Línea por línea.
Terminal por terminal.
Algoritmo por algoritmo.

La muerte del corredor de piso no fue un evento.
Fue un proceso.
Y con él comenzó uno de los mayores desplazamientos de poder en la historia económica.

---

**La bolsa como teatro de la modernidad**

Las bolsas clásicas eran mucho más que lugares de comercio.
Eran puestas en escena públicas del poder económico.

Quien entraba al parqué entraba a un espacio simbólico.
Allí se encontraban:

- bancos
- empresas
- corredores
- especuladores

El mercado tenía rostros.
Se podía observar:

- miedo
- codicia
- pánico
- euforia

La psicología humana era visible.
La bolsa era un escenario donde las emociones del capitalismo se representaban públicamente.

---

**La ilusión del control humano**

Este mundo producía una poderosa noción:
Que los mercados están hechos por humanos.

El corredor era visto como la figura central.
Observaba.
Evaluaba.
Decidía.
Actuaba.

El público imaginaba el mercado como la suma de decisiones individuales.
Pero incluso en esta fase, la realidad era más compleja.
Porque detrás de cada corredor estaban:

- bancos
- reglas
- redes
- sistemas de información

Los actores visibles eran solo la superficie de una estructura más profunda.

## El ordenador entra en escena

En las décadas de 1970 y 1980 comienza una revolución silenciosa.
Los ordenadores se vuelven lo suficientemente potentes para procesar datos financieros electrónicamente.

Al principio parecen inofensivos.
Ayudan con:

- contabilidad
- análisis de datos
- cálculo de precios

Nadie habla de toma de poder.
La computadora parece una herramienta.
Un asistente.
Una ayuda.

Pero todo soporte técnico contiene una dinámica oculta:
Lo que primero apoya, luego comienza a reemplazar.

---

## El nacimiento de los mercados electrónicos

Con la aparición de las plataformas de negociación electrónica, la naturaleza del mercado cambia fundamentalmente.
De repente, la presencia física ya no es necesaria.
El corredor ya no tiene que estar en el parqué.
Basta una terminal.
Luego una red.

Luego un software.
Luego un algoritmo.

Con cada paso, el humano se aleja más del proceso de negociación real.
El mercado pierde su lugar.
Se vuelve digital.

---

**La velocidad como nueva moneda**

Durante mucho tiempo, la competencia se basó en el conocimiento.
Quien tenía mejor información ganaba.

Con la digitalización surge un nuevo recurso:
Velocidad.
No segundos.
No milisegundos.
Sino microsegundos.
Más tarde, nanosegundos.

De repente, comienza una carrera que cambia la lógica de los mercados.
La pregunta ya no es:
¿Quién sabe más?
Sino:
¿Quién reacciona más rápido?

El tiempo se convierte en una mercancía.

## El surgimiento del comercio de alta frecuencia

De esta carrera surge el comercio de alta frecuencia.
*High Frequency Trading*.
HFT.
Una nueva especie del mercado.

Estos sistemas analizan:

- precios
- volúmenes
- noticias
- libros de órdenes

y reaccionan en plazos que se han vuelto irrelevantes para los humanos.
Un parpadeo humano dura unos 300 milisegundos.
En ese mismo tiempo, los sistemas comerciales modernos pueden tomar millones de decisiones.

Por primera vez surge una asimetría fundamental.
El humano no solo pierde velocidad.
Pierde relevancia.

---

## El momento del desapoderamiento

No hay un solo día en que las máquinas tomaran el control.
Pero en algún momento quedó claro:
El humano ya no puede competir.
No porque sea más tonto.
Sino porque está biológicamente limitado.

El sistema nervioso humano tiene una velocidad fija.
La máquina no conoce ese límite.

La competencia no termina con ello.
Se vuelve insignificante.
Es como hacer correr a un velocista contra la luz.

---

## El mercado deja de ser humano

En este punto ocurre algo más profundo que la mera automatización.
La lógica del mercado cambia.

Los humanos actúan en base a:

- expectativas
- creencias
- narrativas
- emociones

Las máquinas actúan en base a:

- patrones
- probabilidades
- funciones de optimización
- estados matemáticos

El mercado comienza a responder a señales que nunca fueron destinadas a la percepción humana.
Es controlado cada vez más por un lenguaje que los humanos no pueden ver ni entender intuitivamente.

## El Flash Crash como revelación

El 6 de mayo de 2010 ocurre algo que parece una mirada detrás del telón.
En minutos, los mercados estadounidenses pierden temporalmente casi un billón de dólares en valor.
Luego se recuperan.

Muchas personas viven este momento como un shock.
No por las pérdidas.
Sino por una toma de conciencia:
Nadie entendió completamente lo que acababa de suceder.

Las máquinas reaccionaron a las máquinas.
Los algoritmos amplificaron algoritmos.
El mercado comenzó a comunicarse consigo mismo.
Los humanos se convirtieron en observadores de un proceso que ya no controlaban.

El Flash Crash no fue simplemente un problema técnico.
Fue un evento filosófico.

---

## El nacimiento de los mercados de caja negra

Cuanto más complejos se vuelven los sistemas, más difícil es su trazabilidad.
En el pasado, un corredor podía explicar:
Por qué compró.
Por qué vendió.
Por qué asumió un riesgo.

Una red neuronal a menudo no puede hacerlo.
Un modelo de autoaprendizaje toma decisiones basadas en relaciones de alta dimensión.
La decisión es visible.
La justificación desaparece.

Aquí emerge el mundo financiero que llamamos "esotericia algorítmica" en el prólogo.

---

**La nueva elite**

Con la desaparición del corredor de piso, el poder no desaparece.
Se desplaza.

Los ganadores del nuevo orden ya no son los actores más ruidosos.
Sino aquellos que:

- desarrollan modelos
- poseen datos
- controlan centros de datos
- optimizan redes

El corredor clásico es reemplazado por:

- analistas cuantitativos
- matemáticos
- físicos
- informáticos

La bolsa se convierte de mercado en laboratorio.

## El mercado invisible

Hoy, el mercado existe en gran parte fuera de la percepción humana.
No en pantallas.
No en noticias.
Sino en centros de datos.
Entre servidores.
En cables de fibra óptica.
En paquetes de datos.

El mercado moderno ya no es un lugar.
Es una infraestructura.
Una operación de computación global y permanente.

---

## El verdadero significado de la muerte

La muerte del corredor de piso no solo significa el fin de una profesión.
Marca el fin de una cosmovisión.

Durante siglos creímos:
Los mercados son lugares de decisiones humanas.

Hoy debemos reconocer:
Los mercados están evolucionando hacia sistemas de interacciones entre máquinas.

Los humanos siguen siendo propietarios.
A veces reguladores.
A menudo espectadores.
Pero cada vez más raramente actores directos.

**Observación final**

La historia de los mercados financieros no es solo una historia de dinero.
Es la historia del desplazamiento del poder de decisión.
Del comerciante al banquero.
Del banquero al matemático.
Del matemático al algoritmo.

La muerte del corredor de piso fue, por tanto, más que un cambio tecnológico.
Fue el momento en que el mundo financiero comenzó a separarse de los límites de la percepción humana.

Y ahí es exactamente donde comienza la siguiente fase de nuestra investigación:
Ya no la cuestión de si las máquinas pueden actuar.
Sino:
¿Qué sucede cuando la velocidad misma se convierte en la forma dominante de poder?

Con eso entramos en la era del comercio de alta frecuencia: la conquista del tiempo.

---

## Capítulo 5 – Alta frecuencia y la conquista del tiempo

*Cómo los microsegundos se convirtieron en el recurso más valioso del mundo financiero*

*"Antes, los comerciantes competían por conocimiento. Hoy, las máquinas compiten por tiempo."*

**La última frontera**

Cada época posee su recurso decisivo.
Para las sociedades agrarias fue la tierra.
Para las sociedades industriales fue la energía.
Para la era de la información fueron los datos.

Pero en el comercio de alta frecuencia aparece un nuevo recurso, aún más fundamental:
El tiempo.
No el tiempo en el sentido humano.
No horas.
No días.
Ni siquiera segundos.

Sino el tiempo como magnitud física.
El tiempo como distancia medible entre señal y decisión.

---

**La invisibilidad de la velocidad**

Para los humanos, la velocidad existe solo hasta cierto punto.
Notamos la diferencia entre un minuto y una hora.
Entre un segundo y un minuto.
Pero en algún lugar termina nuestra percepción.

Nadie puede captar intuitivamente lo que significa un microsegundo.
Un microsegundo es la millonésima parte de un segundo.
Un nanosegundo, la milmillonésima parte.

En estos ámbitos, la experiencia humana pierde su base.
Entramos en un mundo completamente mecánico.
Allí no existen emociones.
No hay reflexión.
No hay intuición.
Solo señales.

---

## El descubrimiento de la ventaja de tiempo

Los primeros traders algorítmicos notaron algo sorprendente.
La diferencia entre ganancias y pérdidas a menudo no residía en mejores análisis.
Sino en una ejecución más rápida.

Si dos participantes del mercado poseen la misma información, a menudo gana quien actúa primero.
Esto parece trivial.
Pero las consecuencias fueron revolucionarias.

De repente, cada milisegundo se convirtió en un activo.
La velocidad se volvió negociable.

---

## La física toma el control de la economía

Hasta este punto, las finanzas eran principalmente una disciplina matemática.
Ahora entra en escena una nueva ciencia:
La física.

El comercio de alta frecuencia obliga a los actores financieros a enfrentar preguntas antes reservadas a los ingenieros:

- ¿Qué tan rápido viaja la luz?
- ¿Qué longitud tiene un cable de fibra óptica?
- ¿Qué ruta toma la señal?
- ¿Cuánto retrasa el hardware?

El mercado comienza a acercarse más a las leyes de la relatividad que a las de la economía clásica.
No gana el trader más inteligente.
Sino a menudo aquel cuya señal llega primero.

---

**La geografía de la velocidad**

Con el comercio de alta frecuencia, el significado del espacio cambia.
Antes, la distancia entre los participantes del mercado apenas importaba.
Hoy puede costar millones.

Por eso surgen nuevas formas de poder infraestructural:

- Los servidores se colocan justo al lado de las bolsas (co-ubicación).
- Los cables de fibra óptica se enderezan.
- Los enlaces de microondas atraviesan paisajes.
- Los centros de datos surgen en puntos estratégicos.

La proximidad al mercado se convierte en un bien de mercado.
Quien está más cerca, ve primero.
Quien ve primero, actúa primero.

---

**La guerra por los nanosegundos**

En siglos pasados, las guerras se libraban por territorios.
En el comercio de alta frecuencia comienza una guerra por nanosegundos.

Las empresas invierten miles de millones para obtener mínimas ventajas de tiempo.
Algunos ejemplos parecen casi absurdos:

- Perforaciones a través de montañas para acortar cables.
- Conexiones especiales de radio a larga distancia.
- Comunicación por satélite propia.
- Procesadores a medida.

Desde una perspectiva humana, esto parece irracional.
¿Por qué invertir miles de millones para ganar microsegundos?
La respuesta es:
Porque en un mercado de miles de millones de transacciones, incluso las ventajas mínimas tienen efectos exponenciales.

## La nueva forma del conocimiento

Tradicionalmente, el conocimiento era un contenido.
Algo que se entendía.

En el comercio de alta frecuencia surge una nueva forma de conocimiento.
No:
¿Qué sabes?
sino:
¿Cuándo lo sabes?

La ventaja de tiempo se vuelve más importante que el contenido de la información.
Una señal que llega unos microsegundos antes posee valor económico.
El tiempo se convierte en información.
La información se convierte en capital.

---

## El mercado como sistema nervioso

Con el aumento de la velocidad, el mercado comienza a adquirir características de un sistema biológico.
Se parece cada vez menos a un lugar de comercio.
Y más a un sistema nervioso.

Surgen señales.
Se transmiten.
Desencadenan reacciones.
Surgen nuevas señales.
Siguen nuevas reacciones.

Este ciclo ocurre continuamente.
Miles de millones de veces.

El mercado desarrolla reflejos.
No en el sentido humano.
Sino como propiedad emergente de algoritmos en red.

---

**El nacimiento de la ecología de máquinas**

Un cambio crucial a menudo pasa desapercibido.
Los algoritmos ya no actúan principalmente contra humanos.
Actúan unos contra otros.

La mayoría de las señales son generadas por máquinas.
La mayoría de las reacciones son ejecutadas por máquinas.
La mayor parte de la comunicación del mercado ocurre entre máquinas.

El humano sale cada vez más del ciclo.
Surge un nuevo orden ecológico:
Una ecología de máquinas.

Dentro de este orden, los sistemas compiten por:

- velocidad
- eficiencia
- poder predictivo

El humano se convierte en un observador lejano.

### La ilusión de la eficiencia perfecta

Los defensores del comercio de alta frecuencia a menudo argumentan:
Más velocidad significa mejores mercados.

Ciertamente, el HFT trae ventajas reales:

- diferenciales más bajos (*spreads*)
- mayor liquidez
- formación más rápida de precios

Pero estas ventajas tienen un lado oscuro.
Cuanto más se optimizan los mercados, más sensible pueden reaccionar a las perturbaciones.

Un sistema altamente optimizado a menudo tiene menos tolerancia a fallos.
Como un coche de carreras es más potente pero más frágil que un camión.

---

### El Flash Crash como colapso del tiempo

El Flash Crash de 2010 revela este problema.
En minutos, los precios se desploman.
Luego se estabilizan nuevamente.

Pero más importante que las pérdidas es la causa.
La velocidad misma se convierte en el riesgo.

Los algoritmos reaccionan a los algoritmos.
Los bucles de retroalimentación amplifican las señales.

La dinámica se desarrolla más rápido de lo que los humanos pueden intervenir.

Los plazos de la toma de decisiones humanas se vuelven irrelevantes.
Ocurre un colapso del tiempo.
El mercado se mueve en un nivel fuera del control humano.

---

## El surgimiento de una nueva ontología

La economía tradicional ve los mercados como lugares de intercambio.
El comercio de alta frecuencia cambia esta visión.

El mercado se convierte en un campo de información.
Los precios ya no son solo valoraciones.
Se convierten en señales.
La liquidez se convierte en información.
La volatilidad se convierte en comunicación.

El mercado se transforma en un gigantesco sistema de computación distribuido.
Una máquina global para procesar expectativas.

---

## El significado filosófico de la velocidad

Aquí alcanzamos un punto más profundo.
El comercio de alta frecuencia no solo cambia los

mercados.
Cambia la relación entre el ser humano y la realidad.

Durante miles de años, la percepción humana fue la base de todas las decisiones.
Ahora surgen procesos que operan completamente fuera de esta percepción.

Esto significa:
El poder comienza a separarse de la experiencia.

Antes, un comerciante podía observar, entender y actuar.
Hoy, la acción a menudo ocurre antes de la comprensión.
La máquina reacciona.
El humano solo interpreta después.
El orden se invierte.

---

**La conquista del tiempo**

Históricamente, los imperios conquistaban:

- territorios
- rutas comerciales
- recursos

El comercio de alta frecuencia conquista algo más fundamental:
El tiempo mismo.
No deteniéndolo.

Sino haciendo económicamente explotables sus unidades más pequeñas.

El microsegundo se convierte en la nueva frontera de la expansión económica.
Donde las sociedades pasadas colonizaban la tierra, el mundo financiero algorítmico coloniza el tiempo.

---

**El preludio de la esotericia algorítmica**

Pero la velocidad por sí sola no es el final del desarrollo.
Es solo la preparación.

La carrera por el tiempo lleva inevitablemente a una nueva pregunta:
Cuando la velocidad eventualmente alcanza límites físicos, ¿dónde reside la siguiente ventaja?

La respuesta es:
No calcular más rápido.
Sino pensar de manera diferente.

Aquí comienza la transición de la velocidad a la complejidad.
Del comercio de alta frecuencia a la inteligencia artificial.
De los sistemas reactivos a los sistemas de aprendizaje.
De la optimización del tiempo a la optimización de la realidad misma.

# PARTE II: LA ARQUITECTURA DE LA CAJA NEGRA

## Capítulo 6 – La sociedad de la caja negra

*Cómo la lógica de los algoritmos se convirtió en la infraestructura invisible de la modernidad*

*"El mayor poder no es el que se oculta. El mayor poder es el que es visible, pero ya nadie lo entiende."*

---

### El fin de la explicabilidad

La historia de la modernidad fue durante mucho tiempo la historia de una creciente transparencia.
La Ilustración prometió:

- conocimiento en lugar de mito
- ciencia en lugar de superstición
- razón en lugar de autoridad

El supuesto básico era:
Si entendemos mejor el mundo, lo dominaremos mejor.

Durante siglos, esta esperanza pareció cumplirse.
Las máquinas se volvieron más complejas.
Las instituciones crecieron.
Las sociedades se interconectaron más.

Pero al mismo tiempo surgió una paradoja inesperada: Cuanto más exitosos se volvían nuestros sistemas, más difíciles se volvían de entender.

Hoy vivimos en un mundo cuyas decisiones más importantes son tomadas cada vez más por procesos que escapan a la comprensión humana.
Entramos en la era de la caja negra.

---

**¿Qué es una caja negra?**

El término proviene originalmente de la ingeniería.
Una caja negra es un sistema cuyas entradas y salidas son conocidas, pero cuyo funcionamiento interno permanece oculto.

Se ve:

- Lo que entra.
- Lo que sale.

Pero el camino intermedio permanece oscuro.

En la tecnología temprana, esto a menudo era solo una simplificación práctica.
Con los algoritmos modernos, se convierte en un problema estructural.
Porque la caja negra no está oculta porque alguien la esconda.
Está oculta porque su complejidad excede la reconstrucción humana.

**La vieja y la nueva opacidad**

Históricamente existían dos formas de no saber.
La primera era el secreto.
Los gobernantes ocultaban información.
Los sacerdotes guardaban conocimiento secreto.
Los banqueros protegían sus libros.
Esta era una forma política de opacidad.

La segunda forma es nueva.
Nadie tiene que ocultar nada.
El código fuente puede ser abierto.
Los datos pueden ser públicos.
Y sin embargo, el sistema sigue siendo incomprensible.

¿Por qué?
Porque la complejidad misma se ha convertido en una barrera.

Estamos experimentando la transición del secreto a la hipercomplejidad.

---

**El regreso del oráculo**

En la antigüedad, la gente consultaba oráculos.
Recibían respuestas cuyo origen no podían comprender.

Hoy consultamos motores de búsqueda, sistemas de recomendación y modelos de IA.
La diferencia parece enorme.

Sin embargo, estructuralmente existen paralelismos asombrosos.

Hacemos una pregunta.
Recibimos una respuesta.
Confiamos en el resultado.
La lógica interna permanece oculta.

Por supuesto, los sistemas modernos se basan en matemáticas, no en mitología.
Pero para el usuario, a menudo no hay diferencia.
La experiencia sigue siendo la misma:
Una autoridad proporciona orientación sin que su proceso de pensamiento se haga visible.

---

**El nacimiento de la autoridad algorítmica**

Uno de los cambios más profundos del presente es que las decisiones se delegan cada vez más en modelos.
Antes, los humanos tomaban decisiones utilizando información.
Hoy, los sistemas toman decisiones utilizando información humana.

Esta diferencia parece pequeña.
En verdad, cambia la estructura del poder.

Los ejemplos se encuentran en todas partes:

- evaluaciones de solvencia crediticia
- primas de seguros
- selección de candidatos

- reconocimiento facial
- diagnósticos médicos
- comercio financiero

El algoritmo se convierte en un co-decisor silencioso.
No como asesor.
Sino cada vez más como autoridad.

---

## La invisibilidad de la influencia

La mayoría de las personas no experimentan los algoritmos como dominio.
Los experimentan como comodidad.

Una recomendación en una plataforma.
Una ruta de navegación.
Una consulta de búsqueda.
Una sugerencia de producto.
Un flujo de noticias personalizado.

Pero es precisamente esta invisibilidad la que hace que su influencia sea tan efectiva.
El poder es más efectivo cuando no se percibe como poder.

El usuario cree que elige libremente.
Mientras que el abanico de opciones ya ha sido estructurado.
La decisión sigue siendo individual.
El entorno de decisión no.

## De la estadística a la predicción

La estadística clásica describía el pasado.
Los sistemas modernos intentan predecir el futuro.
Esta es una diferencia fundamental.

Una red neuronal no está interesada principalmente en la verdad.
Está interesada en la probabilidad de acierto.
No pregunta:
¿Por qué sucede algo?
Sino:
¿Qué es probable que suceda?

Así, la lógica del conocimiento se desplaza.
La explicación se vuelve menos importante.
La predicción se vuelve más importante.
La sociedad comienza a valorar el poder predictivo más que la comprensión.

---

## La crisis de la causalidad

Aquí surge uno de los problemas centrales del siglo XXI.
Los humanos piensan en causas.
Los algoritmos piensan en correlaciones.

Un humano pregunta:
¿Qué causa este evento?
Un modelo pregunta:
¿Qué patrones preceden frecuentemente a este evento?

La diferencia es enorme.
La correlación no requiere comprensión.
Solo requiere datos suficientes.

Así surgen sistemas que pueden predecir con éxito sin saber por qué ocurre algo.
Nos movemos de una cultura causal a una cultura probabilística.

---

**La sociedad como sombra de datos**

Para hacer predicciones, los sistemas deben recopilar datos.
Muchos más datos de los que las sociedades anteriores pudieron generar jamás.

Cada clic.
Cada compra.
Cada movimiento.
Cada consulta de búsqueda.
Cada interacción.

De estas huellas surge una segunda imagen del ser humano.
Un gemelo digital.
Una sombra de datos.

Esta sombra de datos se vuelve cada vez más importante que la propia persona física.
Porque los sistemas no toman decisiones sobre los humanos.

Toman decisiones sobre sus representaciones de datos.

---

**La nueva forma de poder**

Tradicionalmente, el poder se basaba en el control sobre las personas.
Hoy se basa cada vez más en el control sobre los modelos.

Quien posee los modelos:

- interpreta el comportamiento,
- evalúa riesgos,
- define relevancia,
- dirige la atención.

El nuevo poder rara vez actúa directamente.
Moldear probabilidades.
Cambia incentivos.
Forma espacios de decisión.

Esto lo hace difícil de ver.
Y difícil de atacar.

---

**Los mercados financieros como pioneros**

Como tantas veces, estos desarrollos aparecen primero en el mundo financiero.
El comercio moderno se basa desde hace tiempo en

modelos que ninguna persona comprende por completo.

Los algoritmos analizan:

- movimientos de precios
- flujos de liquidez
- noticias
- señales sociales
- datos macroeconómicos

y generan decisiones en tiempo real.

Los mercados financieros son así el primer entorno completamente algoritmizado de la modernidad. Muestran lo que muchos otros ámbitos de la sociedad podrían alcanzar más tarde.

---

**La paradoja de la racionalidad**

La modernidad creía:
Más datos conducen a más racionalidad.
Más cálculo conduce a más control.
Más conocimiento conduce a más comprensión.

La realidad se desarrolla de manera diferente.
Más datos a menudo generan más complejidad.
Más modelos generan más opacidad.
Más cálculo genera más dependencia.

El resultado es paradójico:
La sociedad más racional de la historia produce nuevas formas de no saber.

---

**Esotericia algorítmica**

En este punto, volvemos a la tesis central de este libro.
Esoterismo originalmente significaba:
Conocimiento para un círculo interno.

Hoy está surgiendo una nueva forma de este principio.
No porque el conocimiento se mantenga en secreto.
Sino porque solo unas pocas personas poseen las habilidades para entender los sistemas en absoluto.

Los nuevos iniciados son:

- matemáticos
- científicos de datos
- investigadores de IA
- cuantitativos (*quants*)
- arquitectos de sistemas

No forman una conspiración.
Pero forman una elite de conocimiento.
Y toda elite de conocimiento genera asimetrías de poder.

**La ilusión de la neutralidad**

Una de las suposiciones más peligrosas de nuestro tiempo es:
Los algoritmos son neutrales.

En verdad, los modelos siempre contienen decisiones.
¿Qué datos se recopilan?
¿Qué objetivos se optimizan?
¿Qué riesgos se aceptan?
¿Qué errores se toleran?

Cada una de estas decisiones es humana.
El algoritmo parece objetivo.
Su arquitectura no lo es.

---

**La sociedad en el espejo de la máquina**

Quizás el significado más profundo de la caja negra no reside en las máquinas mismas.
Sino en lo que revelan sobre nosotros.

Los algoritmos no son seres extraños.
Son condensaciones de decisiones humanas.
Condensaciones de valores humanos.
Condensaciones de prioridades humanas.

La caja negra no solo refleja nuestra tecnología.
Refleja nuestra sociedad.

Cuanto más precisamente miramos en ella, más claramente reconocemos:

La verdadera opacidad no está en el código.
Está en las estructuras de poder, intereses y supuestos que hemos inscrito en el código.

---

**Observación final**

La sociedad de la caja negra marca un punto de inflexión histórico.
Por primera vez, la humanidad crea sistemas que no son poderosos porque ejercen violencia.
Sino porque organizan la complejidad.

Por tanto, la pregunta ya no es:
¿Quién tiene el poder?
Sino:
¿Quién posee los modelos que determinan cómo se ejerce el poder?

Con esta pregunta termina la historia de las máquinas como herramientas.
Y comienza la historia de los algoritmos como estructuras de dominio.

---

## Capítulo 7 – El nuevo alto consejo

*Quien controla la infraestructura, controla la realidad*

*"Las personas más poderosas de una época no son a menudo las que gobiernan visiblemente, sino las que*

*determinan cómo se toman las decisiones en primer lugar."*

---

**La falsa idea del poder**

Cuando la gente habla de poder, suele pensar en los actores visibles.
En:

- presidentes
- ministros
- monarcas
- multimillonarios
- generales

La historia muestra, sin embargo, un patrón recurrente:
Los actores más visibles raramente son los únicos centros de poder.

Detrás de todo orden político existe un nivel más profundo.
Un nivel de:

- instituciones
- redes
- estructuras de información
- flujos de recursos

Este nivel a menudo determina qué decisiones son siquiera posibles.

En la era de los algoritmos, el poder se desplaza una vez más.
No lejos de los estados.
No lejos de las empresas.
Sino más profundamente en la infraestructura de la realidad misma.

---

**La arquitectura detrás de la arquitectura**

La mayoría de las personas experimentan la tecnología como una superficie.
Ven:

- aplicaciones
- sitios web
- motores de búsqueda
- redes sociales
- sistemas de pago digitales

Pero cada superficie descansa sobre una estructura más profunda.
Debajo de cada aplicación existen:

- centros de datos
- redes en la nube
- bases de datos
- líneas de comunicación
- modelos de IA
- sistemas financieros

Esta infraestructura forma el sistema nervioso de la civilización moderna.

Quien controla este sistema nervioso influye en mucho más que empresas individuales.
Influye en las condiciones bajo las cuales funciona la sociedad.

---

**La nueva concentración del poder**

Uno de los desarrollos más llamativos del siglo XXI es la concentración de la potencia de cálculo.
Históricamente, el poder estaba ligado a recursos físicos:

- tierra
- materias primas
- fábricas
- rutas comerciales

Hoy surgen nuevos recursos:

- datos
- chips
- redes
- modelos
- capacidad de computación

Estos recursos no se distribuyen uniformemente.
Se acumulan en unos pocos nodos.
Allí surge una nueva forma de poder estructural.
No a través de territorios.
Sino a través del control de la información.

## Los gobernantes invisibles de la infraestructura

El mundo moderno es sostenido por una capa de actores a menudo menos conocidos por el público que los políticos o las celebridades.
Estos incluyen:

- operadores de infraestructuras globales en la nube
- fabricantes de chips de alto rendimiento
- operadores de cables submarinos
- proveedores de modelos de IA
- operadores de grandes redes financieras

Estos actores determinan:

- qué datos pueden procesarse,
- qué modelos pueden entrenarse,
- qué capacidad de cómputo está disponible,
- qué mercados están conectados entre sí.

No necesariamente controlan el contenido.
Controlan los requisitos previos de su existencia.

---

## El regreso de la casta sacerdotal

En el primer capítulo, nos encontramos con los sacerdotes de Mesopotamia.
Ellos controlaban:

- la escritura
- la contabilidad
- los suministros

- la administración

La población no entendía completamente los mecanismos.
Sin embargo, dependía de ellos.

En el siglo XXI, este patrón regresa en una nueva forma.
Los nuevos sacerdotes no llevan túnicas.
Sus herramientas son:

- modelos matemáticos
- lenguajes de programación
- redes neuronales
- algoritmos cuánticos

Como sus predecesores históricos, gestionan sistemas cuya complejidad abruma a la mayoría de las personas.

---

## El surgimiento de una elite tecnocrática

Toda sociedad produce especialistas.
Pero no todo grupo de especialistas se convierte en una elite de poder.

Una elite surge donde concurren tres condiciones:

1. Conocimiento exclusivo
2. Control sobre recursos críticos
3. Verificabilidad limitada

La elite algorítmica cumple las tres condiciones.
Su conocimiento es altamente especializado.
Sus recursos son centrales para la economía y la política.
Y sus decisiones a menudo solo son verificables de manera limitada.

Esto no significa que gobiernen el mundo en secreto.
Significa que poseen una influencia desproporcionada sobre la estructura de la toma de decisiones.

---

**El poder de los modelos**

En siglos anteriores, los gobernantes poseían ejércitos.
Hoy, las instituciones poseen modelos.

La diferencia es mayor de lo que parece a primera vista.
Un modelo define:

- qué riesgos se vuelven visibles,
- qué oportunidades parecen relevantes,
- qué acciones se recomiendan.

Los modelos generan percepción.
Y la percepción genera decisiones.

Quien controla los modelos influye en la realidad que otros ven.

## El mundo financiero como laboratorio de poder

En ningún lado esto es más evidente que en el sistema financiero.
Los flujos de capital modernos ya no son dirigidos exclusivamente por humanos.
Son filtrados a través de:

- modelos de riesgo
- calificaciones crediticias
- algoritmos de negociación
- optimizaciones de cartera

Cuando un país gana o pierde inversiones, esto a menudo no ocurre solo por decisiones políticas.
Entre el evento y el flujo de capital se interponen los modelos.
Los modelos interpretan el mundo.
Los mercados reaccionan a la interpretación.

---

## La nueva forma de feudalismo

Algunos pensadores hablan hoy de tecnofeudalismo.
El término es controvertido, pero apunta a una observación interesante.

En el feudalismo, una pequeña elite controlaba la infraestructura de la vida:

- tierra
- agua
- protección

- comercio

Hoy, nuevos actores controlan:

- datos
- redes
- centros de datos
- identidades digitales

La comparación no es perfecta.
Pero hace visible que el poder se está volviendo cada vez más infraestructural.
Las personas pueden poseer sus dispositivos.
Pero los sistemas de los que dependen esos dispositivos pertenecen mayoritariamente a otros.

---

**La oligarquía de la potencia de cálculo**

Esto se vuelve particularmente evidente en el campo de la inteligencia artificial.
Los modelos avanzados requieren:

- enormes cantidades de datos,
- hardware especializado,
- enormes cantidades de energía,
- inversiones de miles de millones.

Esto crea una concentración natural.
Solo unas pocas organizaciones disponen de los recursos necesarios.

Esto lleva a una situación paradójica.
Cuanto más democráticas parecen las tecnologías digitales,
más concentrada se vuelve a menudo la infraestructura detrás de ellas.

---

**La dimensión geopolítica**

El nuevo alto consejo no es un órgano único.
Es una red.

Sus miembros se sientan:

- en sedes corporativas,
- institutos de investigación,
- bancos centrales,
- laboratorios tecnológicos,
- agencias gubernamentales.

Los límites entre economía, tecnología y Estado se están volviendo cada vez más permeables.
La política de datos se convierte en geopolítica.
La producción de chips se convierte en política de seguridad.
El desarrollo de la IA se convierte en política de poder.

La infraestructura se convierte en el campo de batalla estratégico del siglo XXI.

## La invisibilidad del dominio moderno

Quizás la mayor fortaleza de este nuevo orden reside en su invisibilidad.
El dominio histórico era visible.
Se cobraban impuestos.
Se promulgaban leyes.
Los soldados estaban en las calles.

El poder algorítmico funciona de manera diferente.
Moldear:

- recomendaciones
- clasificaciones (*rankings*)
- evaluaciones de riesgo
- flujos de información
- asignaciones de capital

Esto a menudo ocurre sin que los afectados noten la intervención.
El poder no reside en la orden.
Reside en la configuración de las posibilidades.

---

## La cuestión de la legitimidad

Aquí encontramos un problema fundamental.
Las sociedades democráticas legitiman el poder a través de:

- elecciones
- leyes
- control público

Pero ¿cómo se legitima el poder algorítmico?
¿Quién elige los modelos?
¿Quién controla los datos de entrenamiento?
¿Quién decide los objetivos de optimización?
¿Quién revisa los impactos?

Estas preguntas se convierten en las cuestiones políticas centrales del siglo XXI.

---

**El alto consejo como sistema, no como conspiración**

Sería un error considerar al nuevo alto consejo como un grupo secreto.
La realidad es más compleja.

No hay un comité oculto que dirija el mundo.
Más bien, el poder surge del entrelazamiento de:

- capital
- tecnología
- conocimiento
- infraestructura

El nuevo alto consejo no es una organización.
Es una estructura.
Una red de instituciones y actores que juntos moldean las condiciones de la realidad moderna.

**La verdadera transformación**

El cambio más profundo no es que unos pocos se estén volviendo más poderosos.
Sino que el poder mismo está cambiando su carácter.

Antes, poder significaba:
Controlar a las personas.

Hoy, poder significa cada vez más:
Controlar sistemas que influyen en las personas.

El control se desplaza de los individuos a las arquitecturas.
De las órdenes a las probabilidades.
Del dominio directo al diseño infraestructural.

---

**Observación final**

El nuevo alto consejo no gobierna como los reyes.
No dicta decretos.
No exige obediencia.

Su poder opera de manera más sutil.
Controla los sistemas a través de los cuales fluye la información, surgen las decisiones y se mueve el capital.

Así, se convierte en el actor central de una nueva época histórica.
Una época en la que el poder se vuelve menos visible, pero no menos efectivo.

## Capítulo 8 – El nuevo lenguaje secreto

*Cómo el código se convirtió en el lenguaje del poder*

*"Cada época posee un lenguaje que solo unos pocos entienden. Quien domina este lenguaje no solo puede describir el mundo – puede cambiarlo."*

---

### El patrón más antiguo del poder

La historia de la civilización es también la historia de los lenguajes privilegiados.
En las sociedades tribales tempranas, el conocimiento era en gran parte comunitario.
Con el surgimiento de sociedades complejas, esto cambió.

Ciertos grupos desarrollaron sistemas de escritura exclusivos, lenguajes especializados y formas de conocimiento.
No todo el mundo podía leer.
No todo el mundo podía escribir.
No todo el mundo podía interpretar los textos sagrados.

El lenguaje se convirtió en un instrumento de poder.
Porque el lenguaje hace más que transmitir información.
Determina lo que siquiera puede ser pensado.

---

### La escritura como primer lenguaje secreto

Cuando los primeros escribas de Mesopotamia desarrollaron la escritura cuneiforme, surgió una nueva división social.
De un lado estaban aquellos que podían leer signos.
Del otro lado aquellos que tenían que confiar en ellos.

La mayoría de la población no tenía acceso directo a:

- listas de impuestos
- contratos
- títulos de propiedad
- actas administrativas

La escritura no era una herramienta neutral.
Era una infraestructura de poder.
El escriba se convirtió en el mediador entre la realidad y la documentación.

---

**El latín y la administración del conocimiento**

Siglos más tarde, el latín asumió un papel similar.
En la Europa medieval, el latín era el lenguaje de:

- la Iglesia
- la ciencia
- la administración
- el derecho

La mayoría de la gente no podía entenderlo.
Pero las decisiones sobre sus vidas se formulaban en este lenguaje.

Un sacerdote leía las Sagradas Escrituras.
Un jurista redactaba contratos.
Un erudito escribía tratados científicos.

Entre el conocimiento y la población existía una barrera lingüística.
Esta barrera creaba autoridad.

---

**Las matemáticas como lenguaje sacerdotal universal**

Con la revolución científica surgió un nuevo lenguaje.
El lenguaje de los números.

Las matemáticas poseían una ventaja decisiva.
Eran más precisas que el lenguaje natural.
Permitían:

- cálculos
- predicciones
- modelos
- construcciones técnicas

Pero al mismo tiempo surgió un nuevo problema.
Cuanto más poderosas se volvían las matemáticas, menos personas podían seguirlas.

La sociedad moderna aceptó esto porque los resultados funcionaban.
Los aviones volaban.
Los puentes resistían.
La electricidad funcionaba.

La autoridad de las matemáticas residía en su efectividad.

---

## El ascenso del código

En el siglo XX aparece otro lenguaje.
Al principio parece técnico.
Discreto.
Limitado a científicos e ingenieros.

Este lenguaje se llama:
Código.

Inicialmente servía solo para dar órdenes a las máquinas.
Pero gradualmente ocurre algo inesperado.
El código abandona la máquina.
Y comienza a organizar la sociedad.

---

## Cuando el lenguaje crea realidad

El lenguaje natural describe el mundo.
El código lo cambia directamente.

Esta diferencia es crucial.
Cuando se aprueba una ley, debe ser interpretada.
Cuando se ejecuta un programa, genera directamente una acción.

El código posee una fuerza operativa.
No solo describe reglas.
Las implementa.

Así surge por primera vez un lenguaje que es simultáneamente prescripción y ejecución.

---

**"El código es la ley" (Code is Law)**

El informático y jurista Lawrence Lessig acuñó una famosa frase:
*Code is Law* (El código es la ley).

Quiso decir:
Los sistemas digitales regulan el comportamiento de manera similar a las leyes.

Una ley puede prohibir abrir una puerta.
El código puede simplemente mantener la puerta cerrada.

Una ley puede prohibir el acceso.
El código puede hacer técnicamente imposible el acceso.

Aquí comienza una nueva forma de poder.
No el poder de la prescripción.
Sino el poder de la arquitectura.

## Los legisladores invisibles

En una sociedad digital, las reglas surgen cada vez más a través del diseño técnico.
Los programadores deciden:

- qué funciones están disponibles,
- qué información se vuelve visible,
- qué interacciones están permitidas,
- qué acciones están bloqueadas.

Estas decisiones a menudo parecen puramente técnicas.
En realidad, tienen consecuencias políticas.

Toda arquitectura contiene valores.
Todo algoritmo contiene prioridades.
Toda plataforma contiene supuestos sobre cómo deben actuar las personas.

---

## Los sacerdotes del templo digital

Como los sacerdotes anteriores, los desarrolladores poseen una habilidad especial.
Pueden traducir símbolos abstractos en efectos reales.

Unas pocas líneas de código pueden:

- mover miles de millones,
- controlar la comunicación,
- influir en los mercados,
- controlar infraestructuras.

Por supuesto, la mayoría de los desarrolladores no trabajan con tales intenciones.
Pero el impacto social permanece.

Quien escribe código configura cada vez más las condiciones de la realidad.

---

## La nueva cuestión del analfabetismo

En la Edad Media, el analfabetismo significaba no saber leer.
En la era digital surge una nueva forma.

Muchas personas pueden leer textos.
Pero no pueden leer los sistemas que estructuran su vida cotidiana.

Entienden:

- la superficie,
- pero no la lógica subyacente.

Utilizan:

- aplicaciones,
- plataformas,
- sistemas financieros,
- herramientas de IA,

sin poder comprender su funcionamiento.

Esto crea una nueva dependencia.
No de los alfabetizados.
Sino de los conocedores de sistemas.

---

**El lenguaje de las máquinas**

Otro cambio está ocurriendo.
Antes, los humanos escribían código para las máquinas.
Hoy, las máquinas escriben cada vez más código para los humanos.

La inteligencia artificial genera:

- programas,
- modelos,
- optimizaciones,
- reglas de decisión.

Así comienza una nueva fase.
El lenguaje secreto se vuelve parcialmente automatizado.
Los sacerdotes pierden el monopolio sobre la liturgia.
La liturgia comienza a escribirse sola.

---

**Los mercados financieros como espacio de código**

En ningún lado el poder del código es más evidente que en el sistema financiero moderno.

El mercado actual consiste en:

- algoritmos de negociación,
- modelos de riesgo,
- contratos inteligentes (*smart contracts*),
- flujos de datos,
- estrategias automatizadas.

El capital ya no se mueve principalmente por conversaciones humanas.
Se mueve por código.

Los contratos son ejecutados por máquinas.
Las decisiones son tomadas por máquinas.
La liquidez es generada por máquinas.

El mundo financiero se está convirtiendo cada vez más en un vasto programa.

---

**La aparición de rituales digitales**

Las religiones históricas conocían rituales.
Ciertas acciones debían realizarse en una secuencia determinada.

El mundo digital conoce estructuras similares.
Inicios de sesión.
Autenticaciones.
Procesos de pago.
Contratos inteligentes.
Flujos de trabajo automatizados.

El usuario realiza acciones.
El sistema reacciona según reglas fijas.

La diferencia no reside en la existencia de rituales.
Sino en que los rituales ahora son monitoreados por máquinas.

---

**Los límites de la transparencia**

Muchos creen que el código abierto (*open source*) podría resolver el problema.
El código abierto es indudablemente importante.
Pero la transparencia por sí sola no es suficiente.

Un sistema moderno de IA puede contener millones o miles de millones de parámetros.
Incluso si cada parte del programa fuera pública, solo unas pocas personas podrían entender la totalidad.

El desafío del siglo XXI no es, por tanto, solo el secreto.
Es la sobrecarga cognitiva.

Los sistemas se vuelven complejos más rápido de lo que la comprensión humana puede crecer.

---

**La aparición de una nueva clase clerical**

Históricamente, el clero surgió donde el conocimiento era escaso.
Hoy está surgiendo una nueva elite de conocimiento.

No por textos secretos.
Sino por complejidad técnica.

Sus herramientas son:

- matemáticas
- informática
- ciencia de datos
- inteligencia artificial

No forman una clase cerrada.
Pero poseen habilidades que se han vuelto indispensables para las sociedades modernas.
Esto crea poder estructural.

---

**La metafísica del código**

En un nivel más profundo, el código cumple una función que antes tenían la religión y la filosofía.
Responde preguntas como:

- ¿Qué está permitido?
- ¿Qué es posible?
- ¿Qué es visible?
- ¿Qué es relevante?

El código define los límites de la realidad digital.
Se convierte en la gramática de un nuevo mundo.

La mayoría de las personas no hablan este lenguaje.
Y sin embargo viven en las realidades que él genera.

**Observación final**

Cada época posee su lenguaje secreto.
Para los sacerdotes de Mesopotamia era la escritura.
Para los eruditos de la Edad Media, el latín.
Para los científicos de la modernidad, las matemáticas.
Para la civilización digital, es el código.

Pero el código es más que un lenguaje.
Es arquitectura.
Es sistema de reglas.
Es instrumento de poder.

Y sobre todo:
Es la interfaz entre la idea y la realidad.

Quienes lo dominan no solo escriben programas.
Escriben las condiciones bajo las cuales funciona la sociedad.

---

## Capítulo 9 – Teología algorítmica

*Cómo los modelos asumen el papel de oráculos, sacerdotes y dioses*

*"Los sistemas de creencias más poderosos no son los que creen en lo sobrenatural. Los sistemas de creencias más poderosos son aquellos que ya no se reconocen a sí mismos como sistemas de creencias."*

---

**El regreso de las viejas preguntas**

Toda civilización se enfrenta eventualmente a las mismas preguntas:

- ¿De dónde viene el orden?
- ¿Quién conoce el futuro?
- ¿Quién interpreta lo invisible?
- ¿Quién decide qué es verdad?

Las respuestas han cambiado a lo largo de la historia. Antiguamente eran:

- los dioses,
- los sacerdotes,
- los profetas,
- los oráculos.

Más tarde, estas respuestas fueron reemplazadas por:

- la ciencia,
- la estadística,
- la economía,
- la tecnología.

Pero las preguntas fundamentales nunca desaparecieron.
Solo cambiaron su lenguaje.

## El mito del mundo desencantado

A la modernidad le gusta contarse una historia.
Es la historia del desencantamiento.
La noción de que la ciencia y la razón han desplazado a los viejos mitos.
De que ahora vemos el mundo objetivamente.
Sin fe.
Sin rituales.
Sin sacerdocios.

Pero esta historia es solo parcialmente cierta.
Porque toda sociedad necesita sistemas para reducir la incertidumbre.
Los humanos no pueden vivir permanentemente en la incertidumbre radical.
Buscan orientación.
Buscan previsibilidad.
Buscan significado.

La pregunta no es, por tanto, si una sociedad posee sistemas de creencias.
Sino cuáles.

---

## El nacimiento de la providencia estadística

Con el surgimiento de la estadística moderna ocurre algo revolucionario.
Por primera vez, el futuro se vuelve matemáticamente abordable.

Por supuesto, nadie puede conocer el futuro exactamente.
Pero las probabilidades crean algo nuevo:
una forma calculable de incertidumbre.

Surgen los seguros.
Surgen los mercados de valores.
Surge la gestión de riesgos.

Los humanos modernos comienzan a confiar en la estadística como las culturas antiguas confiaban en los astrólogos.
No porque sea infalible.
Sino porque funciona mejor que la pura casualidad.

---

**El nuevo oráculo**

En la antigüedad, la gente peregrinaba a Delfos.
Buscaban respuestas a preguntas sobre el futuro.

Hoy existen otros santuarios.
Centros de investigación.
Centros de datos.
Centros financieros.
Laboratorios de IA.

Allí se crean modelos que deben responder:

- ¿Qué acción subirá?
- ¿Qué enfermedad ocurrirá?
- ¿Qué región crecerá?
- ¿Qué persona será solvente?

•¿Qué información será relevante?

El mecanismo ha cambiado.
La función, sorprendentemente poco.

---

**De la verdad a la probabilidad**

Las religiones clásicas preguntaban:
¿Qué es verdad?

El mundo algorítmico pregunta:
¿Qué es probable?

Esta diferencia marca una de las mayores transformaciones culturales de la historia de la humanidad.
La sociedad moderna se organiza cada vez menos en torno a certezas.
Sino en torno a probabilidades.

Elecciones.
Seguros.
Mercados financieros.
Inteligencia artificial.
Todos operan sobre esta base.

El centro de la realidad se desplaza.
De la verdad a la predicción.

---

**Los sacerdotes de la probabilidad**

En toda religión existen especialistas.
Personas que interpretan signos.
Descifran textos.
Explican conexiones.

En el orden algorítmico, este papel es asumido por:

- científicos de datos
- analistas cuantitativos
- investigadores de IA
- estadísticos
- arquitectos de modelos

No leen escrituras sagradas.
Leen conjuntos de datos.
No interpretan augurios.
Interpretan patrones.

Pero su función social presenta sorprendentes similitudes.
Traducen la incertidumbre en recomendaciones para la acción.

---

**La liturgia de los datos**

Las religiones tienen rituales.
Estructuran la relación entre el ser humano y lo invisible.

El mundo algorítmico también conoce rituales.
Recolección de datos.
Limpieza de datos.

Entrenamiento de modelos.
Validación.
Optimización.
Despliegue.
Monitoreo.

Para los no iniciados, estos procesos a menudo parecen tan inescrutables como las ceremonias religiosas de siglos pasados.
Los rituales han cambiado.
La función social sigue siendo notablemente constante.

---

## Los dioses invisibles

Los dioses históricos eran invisibles.
Su existencia se infería de sus efectos.
La lluvia caía.
La cosecha tenía éxito.
Una guerra se ganaba.

Hoy están surgiendo nuevos actores invisibles.
Algoritmos.
Modelos.
Redes neuronales.

No poseen personalidad.
No tienen intención.
No tienen voluntad.

Y sin embargo influyen en:

- aprobaciones de crédito,

- movimientos del mercado,
- flujos de información,
- comunicación política,
- decisiones económicas.

Su existencia también se experimenta a través de sus efectos.

---

**La crisis de la interpretabilidad**

Una propiedad central de los sistemas modernos de IA es que sus decisiones a menudo no son totalmente explicables.
Esto crea un fenómeno notable.

Las personas confían en resultados que no pueden comprender.
Similar a cómo las sociedades antiguas confiaban en las autoridades religiosas.

Por supuesto, la base es diferente.
Pero estructuralmente surge la misma tensión:
Aceptamos decisiones cuya lógica interna escapa a nuestra comprensión.

---

**Los dogmas de la era digital**

Toda teología tiene supuestos básicos.
El orden algorítmico también.

Entre sus dogmas tácitos se encuentran a menudo:

- Más datos es mejor.
- Más cálculo es mejor.
- Más optimización es mejor.
- La predicción es más valiosa que la explicación.
- La eficiencia es una medida universal.

Estos supuestos parecen evidentes para muchos.
Pero no son leyes naturales.
Son decisiones culturales.
Y toda decisión cultural merece un examen crítico.

---

**El pecado original de los modelos**

Toda religión conoce la noción de imperfección humana.
Los modelos también poseen una forma de pecado original.

Surgen de datos del pasado.
Por lo tanto, reproducen:

- distorsiones históricas,
- estructuras de poder existentes,
- desigualdades sociales,
- errores sistémicos.

El modelo parece objetivo.
Pero lleva las huellas de su génesis.
No mira el mundo como podría ser.
Sino el mundo como fue.

## Los mercados financieros como templos de la predicción

En ningún lado la teología algorítmica es más evidente que en el mundo financiero.
Los mercados modernos descansan sobre un acto colectivo de fe:
La convicción de que los desarrollos futuros son modelables.

Toda operación comercial contiene una declaración implícita sobre el futuro.
Todo modelo de riesgo formula una teoría sobre la incertidumbre.
Todo algoritmo contiene una idea de cómo funciona el mundo.

Los mercados financieros no son, por tanto, solo sistemas económicos.
Son gigantescas máquinas para producir expectativas de futuro.

---

## La nueva providencia

Las religiones históricas hablaban de la providencia divina.
De un orden que actuaba detrás de los eventos.

La sociedad algorítmica está desarrollando una variante secular de esta idea.
La creencia de que suficientes datos y suficiente

potencia de cálculo pueden hacer visibles las estructuras ocultas de la realidad.

Esta creencia impulsa:

- la inteligencia artificial,
- la analítica predictiva,
- la optimización cuántica,
- el comercio algorítmico.

Forma el núcleo espiritual de la nueva época.

---

**La diferencia entre Dios y el modelo**

En este punto, es necesaria una distinción importante.
Los modelos no son dioses.

Poseen:

- no conciencia,
- no moralidad,
- no intención.

El verdadero peligro no reside, por tanto, en los modelos mismos.
Sino en atribuirles propiedades que no poseen.

Cuando las sociedades comienzan a creer que los modelos son objetivos, neutrales e infalibles, surge una nueva forma de dogmatismo.
No dogmatismo religioso.
Sino dogmatismo técnico.

## La aparición de una nueva metafísica

Cada época desarrolla ideas sobre cómo funciona el mundo en su núcleo.
Para la antigüedad fueron los dioses.
Para la Edad Media, el orden divino.
Para la Ilustración, las leyes naturales.

Para la era de la información están surgiendo nuevos conceptos:

- redes,
- flujos de datos,
- probabilidades,
- campos de información,
- algoritmos.

Estos conceptos se convierten en los bloques de construcción metafísicos del presente.
No solo explican el mundo.
Definen lo que cuenta como explicable.

---

## La verdadera cuestión

La pregunta más importante no es, por tanto:
¿Se están volviendo más poderosos los algoritmos?
Eso ya está ocurriendo.

La verdadera cuestión es:
¿Qué valores inscribimos en estos sistemas?

Porque toda tecnología amplifica los objetivos que se le asignan.
Si la eficiencia es el objetivo más alto, amplifica la eficiencia.
Si el control es el objetivo más alto, amplifica el control.
Si la justicia es el objetivo más alto, amplifica la justicia.

El futuro no será decidido solo por la tecnología.
Sino por los valores que dan forma a su arquitectura.

---

**Observación final**

La teología algorítmica no es una religión en el sentido tradicional.
No tiene templos.
No tiene escrituras sagradas.
No tiene sacerdocio en la comprensión clásica.

Sin embargo, cumple funciones similares.
Reduce la incertidumbre.
Produce orientación.
Interpreta lo invisible.
Estructura las expectativas sobre el futuro.

Precisamente por eso es tan poderosa.
No porque obligue a la gente a creer.
Sino porque proporciona cada vez más las herramientas con las que las sociedades modernas perciben la realidad.

# Capítulo 10 – La revolución cuántica

*El sueño de calcular el futuro antes de que exista*

*"Toda gran fantasía de poder en la historia de la humanidad ha girado en torno al mismo anhelo: superar la incertidumbre. El ordenador cuántico es el intento más ambicioso hasta ahora de transformar este anhelo en tecnología."*

---

## El siguiente salto

La historia de este libro nos ha llevado desde los sacerdotes de Mesopotamia, pasando por los alquimistas financieros del Renacimiento, hasta los algoritmos del presente.
Cada época amplió el alcance de la predicción humana.

- La escritura almacenaba conocimiento.
- Las matemáticas estructuraban conocimiento.
- El ordenador aceleraba el conocimiento.
- La inteligencia artificial automatizó el conocimiento.

Pero ahora aparece una tecnología que promete superar los límites de la computación convencional.
El ordenador cuántico.

Para algunos, es la próxima revolución industrial.
Para otros, un sueño sobreestimado.
Para el mundo financiero, sin embargo, representa algo aún más significativo:

La posibilidad de dominar la incertidumbre en un nuevo nivel.

---

**Los límites de la máquina clásica**

Todo ordenador del presente se basa en última instancia en la misma idea básica.
La información se representa mediante bits.
Un bit tiene dos estados:
0 o 1.

Incluso los centros de datos más grandes del mundo consisten en acumulaciones gigantescas de tales decisiones.
El poder de los sistemas modernos surge de la pura masa y velocidad.

Sin embargo, ciertos problemas siguen siendo extremadamente difíciles.
Estos incluyen:

- optimización de carteras
- análisis de riesgos
- cadenas de suministro
- simulación molecular
- modelos de predicción complejos

No porque los ordenadores sean demasiado lentos.
Sino porque el número de soluciones posibles explota.
La complejidad crece más rápido que la potencia de cálculo.

## El descubrimiento del espacio cuántico

El ordenador cuántico se basa en una idea radicalmente diferente.
En lugar de bits clásicos, utiliza qubits.

Un qubit puede – simplificado – representar múltiples estados simultáneamente.
La descripción popular es:
Un qubit puede ser 0 y 1 al mismo tiempo.

Físicamente, esto es solo una aproximación.
Pero transmite la idea central:
El ordenador cuántico procesa posibilidades de manera diferente a las máquinas clásicas.
No se mueve linealmente a través de un espacio de soluciones.
Explora muchas posibilidades simultáneamente.

---

## Por qué fascina al mundo financiero

Los mercados financieros son en última instancia sistemas gigantescos de posibilidades.
Cada operación contiene:

- diferentes riesgos,
- diferentes horizontes temporales,
- diferentes probabilidades.

El número de combinaciones posibles crece exponencialmente.

Aquí reside precisamente la esperanza de la industria financiera.

Un ordenador cuántico podría resolver teóricamente problemas que los sistemas clásicos solo pueden aproximar.
Por ejemplo:

- asignación óptima de capital,
- estructuras de arbitraje complejas,
- distribución dinámica de riesgos,
- predicciones de mercado con espacios de variables enormes.

El sueño es:
No solo calcular más rápido.
Sino calcular de manera diferente.

---

**El mito del ordenador omnisciente**

En este punto, a menudo comienza la exageración.
En las representaciones populares, el ordenador cuántico aparece casi como una deidad tecnológica.
Un oráculo.
Una máquina que conoce cada futuro.

La realidad es mucho más sobria.
Los ordenadores cuánticos no son magia.
No resuelven todos los problemas.
No reemplazan ni el pensamiento humano ni la incertidumbre económica.

Muchas de las expectativas más espectaculares se basan en malentendidos.
Pero precisamente por eso el desarrollo real es más interesante.
Porque su poder no reside en la omnisciencia.
Sino en cambiar lo que se vuelve calculable.

---

**De la velocidad a la complejidad**

El comercio de alta frecuencia conquistó el tiempo.
La revolución cuántica intenta algo diferente.
Conquista la complejidad.

La ventaja competitiva decisiva en el futuro puede no consistir en recibir la información primero.
Sino en poder modelar mejor las relaciones complejas.

La transición es históricamente significativa.
Marca el cambio:
de la velocidad
a la estructura.
de la reacción
a la simulación.
del comercio
a la previsión.

---

**El nacimiento del oráculo cuántico**

Aquí, la revolución cuántica toca la tesis central de este libro.

Históricamente, los centros de poder surgían donde se podía reducir la incertidumbre.
Los sacerdotes interpretaban el cielo.
Los matemáticos calculaban probabilidades.
Los algoritmos analizaban datos.

El ordenador cuántico promete potenciar todas estas habilidades.
Por eso aparece a muchos como un oráculo moderno.
No porque conozca el futuro.
Sino porque puede evaluar más posibilidades futuras simultáneamente.

---

**La realidad en el año 2026**

En este punto, es necesaria una diferenciación importante.
El debate público a menudo sobreestima el estado actual del desarrollo.

En el año 2026, existen ordenadores cuánticos potentes y avances de investigación significativos.
Sin embargo, la mayoría de las instituciones financieras aún no trabajan con sistemas comerciales basados en cuántica completa.

En cambio, dominan:

- algoritmos inspirados en la cuántica,
- sistemas híbridos,
- métodos de optimización,
- simulaciones asistidas por IA.

La verdadera revolución está teniendo lugar actualmente menos en el hardware que en el pensamiento.
El mundo financiero comienza a ver los problemas desde una perspectiva cuántica.

---

**La nueva geopolítica de la computación**

Toda tecnología transformadora genera competencia geopolítica.
Así fue con:

- la máquina de vapor,
- la electricidad,
- internet,
- la inteligencia artificial.

La revolución cuántica no es una excepción.
Los estados invierten miles de millones.

¿Por qué?
Porque la computación cuántica promete no solo ventajas económicas.
Sino poder estratégico.

Quien pueda simular mejor los sistemas complejos obtiene ventajas en:

- finanzas,
- logística,
- ciencia de materiales,
- criptografía,

•defensa.

El control sobre la capacidad de cómputo se convierte en un recurso geopolítico.

---

**La amenaza a la criptografía**

Un campo particularmente sensible es la seguridad de los sistemas digitales.
El cifrado moderno se basa en problemas matemáticos que los ordenadores clásicos tienen dificultades para resolver.

Los ordenadores cuánticos potentes podrían debilitar significativamente ciertos métodos.
Por eso está surgiendo una carrera global por la llamada criptografía poscuántica.

La ironía es notable:
La tecnología que abre nuevas posibilidades amenaza simultáneamente los fundamentos de la confianza digital.

---

**La elite financiera y la búsqueda de ventaja**

Históricamente, el mundo financiero siempre ha buscado ventajas informativas.
Antes eran las rutas comerciales.
Luego los telégrafos.

Luego los ordenadores.
Luego las redes de alta frecuencia.

La revolución cuántica aparece como el siguiente paso lógico.
El incentivo es enorme.

Quien pueda modelar mejor la incertidumbre posee:

- mejores pronósticos,
- mejores modelos de riesgo,
- mejor asignación de capital.

Esto da lugar a una nueva forma de asimetría económica.
No todos los participantes del mercado poseen la misma potencia de cálculo.

---

**La aparición de aristocracias algorítmicas**

Aquí se manifiesta uno de los peligros centrales.
Toda revolución tecnológica crea ganadores y perdedores.
La revolución cuántica podría amplificar este efecto.

Porque su infraestructura es cara.
Requiere:

- investigación de vanguardia,
- alta tecnología,
- inversiones enormes,
- experiencia escasa.

Esto crea la posibilidad de una nueva aristocracia del conocimiento.
Una elite cuya ventaja no se basa solo en la propiedad.
Sino en la capacidad de cómputo exclusiva.

---

**El significado filosófico**

El significado más profundo de la revolución cuántica puede no residir en la tecnología misma.
Sino en la imagen de la humanidad que revela.

Durante milenios, los humanos han intentado reducir la incertidumbre.
La revolución cuántica es una expresión de este antiguo anhelo.
Muestra el deseo:

- de dominar los riesgos,
- predecir los mercados,
- simular el futuro,
- domesticar la complejidad.

Pero cada expansión de nuestra capacidad predictiva genera nuevas preguntas.
Si podemos ver más,
¿quién decide cómo se utiliza este conocimiento?

## El límite de lo predecible

Aquí encontramos una verdad fundamental.
Ninguna tecnología puede eliminar por completo la incertidumbre.
No porque los ordenadores sean demasiado débiles.
Sino porque los sistemas complejos tienen límites de principio.

Sociedades.
Mercados.
Culturas.
Órdenes políticos.
Consisten en actores reflexivos.
Los humanos cambian su comportamiento en cuanto conocen las predicciones.
Esto cambia el sistema mismo.

El futuro sigue siendo móvil.

---

## La verdadera revolución

La revolución cuántica no consiste, por tanto, en que las máquinas se vuelvan omniscientes.
Consiste en que el límite entre el conocimiento y el no conocimiento se desplaza.

Algunos problemas se vuelven más calculables.
Otros solo se vuelven visibles como resultado.

Cada expansión de nuestro horizonte revela nuevas incertidumbres.

Precisamente por eso la historia nunca termina.
Simplemente se vuelve más compleja.

---

**Observación final**

El ordenador cuántico no es ni un salvador ni un gobernante del mundo.
Es la herramienta más avanzada hasta ahora en la larga historia de los intentos humanos de obtener orden a partir de la incertidumbre.

Pero como toda tecnología poderosa, amplifica las estructuras existentes.
Amplifica:

- conocimiento,
- capital,
- infraestructura,
- poder.

Por tanto, la pregunta decisiva no es:
¿Qué pueden hacer los ordenadores cuánticos?
Sino:
¿Quién los controlará – y con qué propósito?

# Parte III: El reinado de las posibilidades

## Capítulo 11 – El reinado de las posibilidades

*Cómo las probabilidades comienzan a crear realidad*

*"El mayor poder no es predecir el futuro. El mayor poder es crear condiciones bajo las cuales un futuro particular se vuelve más probable."*

---

### El punto de inflexión oculto

La historia del poder humano conoce una transformación silenciosa pero fundamental.
Durante mucho tiempo, el poder consistió en reaccionar a los eventos.
Un gobernante esperaba una crisis.
Un general reaccionaba a un ataque.
Un comerciante reaccionaba a un precio de mercado.

El futuro aparecía como algo que se acercaba a nosotros.
Algo que debía ser observado, interpretado y respondido.

En el siglo XXI, esta relación comienza a invertirse.
Los nuevos sistemas ya no solo observan el futuro.
Comienzan a preestructurarlo.
Crean espacios de probabilidad.
Y en estos espacios, ciertos desarrollos se vuelven más probables que otros.

Aquí comienza el reinado de las posibilidades.

---

## El poder invisible de la probabilidad

La mayoría de las personas entienden el poder como intervención directa.
Una orden.
Una ley.
Una prohibición.
Una instrucción.

Sin embargo, el poder moderno actúa cada vez más de manera indirecta.
No cambia la decisión en sí misma.
Cambia las condiciones bajo las cuales se toman las decisiones.

Un ejemplo simple:
Un supermercado no obliga a nadie a comprar un producto determinado.
Pero su colocación en el estante influye en la probabilidad de compra.
La decisión sigue siendo libre.
La probabilidad cambia.

Esta lógica se convierte en la estructura fundamental de los sistemas algorítmicos.

## La arquitectura de la decisión

Toda decisión surge dentro de un entorno.
Este entorno determina:

- qué información es visible,
- qué opciones aparecen,
- qué riesgos se perciben,
- qué alternativas parecen concebibles.

Los algoritmos moldean precisamente este entorno.
Deciden:

- qué mensaje aparece primero,
- qué acción se recomienda,
- qué ruta se sugiere,
- qué productos se vuelven visibles.

El usuario decide.
Pero la arquitectura de la decisión ya ha sido moldeada.

---

## Del mercado de bienes al mercado de la atención

En la era industrial, las empresas competían por materias primas.
En la era de la información, compiten por la atención.

La atención posee una propiedad notable:
Influye en la probabilidad.

Lo que recibe atención:

•se discute,
•se invierte,
•se difunde,
•se legitima.

El control de la atención se convierte así en una forma de configuración indirecta del futuro.

---

## La aparición de la sociedad probabilística

Las sociedades históricas se organizaban mediante reglas.
Las sociedades modernas se organizan cada vez más mediante probabilidades.

Las compañías de seguros evalúan riesgos.
Los bancos evalúan probabilidades de impago.
Los sistemas policiales analizan patrones de riesgo.
Las plataformas calculan probabilidades de comportamiento.
Los mercados evalúan expectativas de futuro.

La sociedad ya no se rige principalmente por prohibiciones.
Sino por predicciones.

---

## Cuando las predicciones crean realidad

Aquí encontramos una de las paradojas más profundas de la modernidad.

Una predicción puede cambiar el comportamiento de las personas.
Y con ello influir en la propia predicción.

Un ejemplo:
Si suficientes inversores creen que un mercado subirá, compran.
Mediante sus compras, el mercado sube.
La expectativa crea la realidad.

En sociología, esto se llama profecía autocumplida.
En el mundo financiero, esto es el día a día.

---

**La reflexividad de los mercados**

El inversor y filósofo George Soros describió este mecanismo como reflexividad.
Las personas observan el mundo.
Su observación cambia su comportamiento.
El comportamiento cambiado cambia el mundo.
El mundo, a su vez, influye en la observación.
Surge un ciclo.

Los algoritmos modernos se convierten cada vez más en parte de este ciclo.
Observan.
Predicen.
Actúan.
Y con ello cambian las condiciones de sus propias predicciones.

## El nacimiento de la realidad sintética

Con el aumento de la digitalización, ocurre algo nuevo.
Las personas ya no reaccionan solo a eventos físicos.
Reaccionan a modelos digitales de la realidad.

Las bolsas reaccionan a predicciones.
Las empresas reaccionan a clasificaciones (*rankings*).
Los bancos reaccionan a calificaciones crediticias.
Los políticos reaccionan a análisis de datos.

La representación de la realidad comienza a dirigir la realidad misma.
El modelo se convierte en parte del sistema que describe.

---

## El poder de los rankings

Los rankings parecen inofensivos.
Ordenan.
Evalúan.
Comparan.

Pero los rankings cambian el comportamiento.
Cuando se clasifican las universidades, cambian sus estrategias.
Cuando se evalúan las empresas, cambian sus prioridades.
Cuando se califican los países, los inversores reaccionan.

El mecanismo de evaluación se convierte en un actor.
El mapa comienza a influir en el territorio.

---

## El mercado como máquina del futuro

Los mercados financieros son las máquinas de probabilidad más avanzadas de la historia de la humanidad.
Cada precio contiene:

- expectativas,
- esperanzas,
- miedos,
- predicciones.

El mercado no evalúa el presente.
Evalúa futuros posibles.

Por eso un precio de acción nunca es solo un número.
Es una declaración colectiva sobre probabilidades.

---

## La nueva elite de poder

En la era de las posibilidades surge una nueva elite.
No aquellos que controlan los eventos.
Sino aquellos que pueden moldear las probabilidades.

Estos incluyen:

- operadores de grandes plataformas,

•desarrolladores de sistemas de IA,
•propietarios de infraestructuras de datos,
•instituciones financieras,
•arquitectos de modelos.

Su poder no reside en la coerción directa.
Reside en la capacidad de estructurar espacios de futuro.

---

**El mundo financiero como laboratorio**

Los mercados financieros demuestran este cambio con especial claridad.
Los algoritmos analizan:

•noticias,
•liquidez,
•sentimiento del mercado,
•señales geopolíticas,
•dinámicas sociales.

Sobre la base de estos análisis, se mueven los flujos de capital.
El capital, a su vez, cambia:

•empresas,
•regiones,
•tecnologías,
•estados.

El modelo evalúa el futuro.
La evaluación influye en las inversiones.

Las inversiones cambian el futuro.
El círculo se cierra.

---

**La aparición de realidades algorítmicas**

La economía clásica suponía que los mercados reflejan la realidad.
Hoy está surgiendo una dinámica diferente.
Los algoritmos comienzan a co-crear la realidad.

Cuando millones de decisiones se basan en los mismos modelos, surge una nueva fuerza.
No la predicción de eventos individuales.
Sino la generación de dinámicas colectivas.

El mercado se convierte cada vez más en un sistema autorreferencial.

---

**La ilusión de la objetividad**

Debido a que los modelos parecen matemáticos, sus resultados parecen objetivos.
Pero todo modelo contiene decisiones:

- ¿Qué datos se utilizan?
- ¿Qué factores se ponderan?
- ¿Qué objetivos se optimizan?
- ¿Qué riesgos se ignoran?

El reinado de las posibilidades nunca se basa, por tanto, en probabilidades neutras.
Se basa en arquitecturas de probabilidad definidas por humanos.

---

**La nueva forma de soberanía**

Históricamente, la soberanía significaba:
La capacidad de promulgar leyes.

En la era digital está surgiendo una nueva forma.
La capacidad:

- de controlar la visibilidad,
- de dirigir la atención,
- de asignar capital,
- de influir en las probabilidades.

El dominio se desplaza de las reglas a las expectativas.
De las órdenes a los modelos.
De la autoridad a la probabilidad.

---

**La consecuencia filosófica**

Aquí llegamos al núcleo de la esotericia algorítmica.
Poder ya no significa principalmente:
Obligar a las personas.

Poder significa:
Estructurar posibilidades.

Quien controla las probabilidades,
a menudo controla los resultados,
sin tener que intervenir directamente nunca.

El futuro parece abierto.
Pero su paisaje de probabilidad ya ha sido moldeado.

---

**El límite de la predicción**

A pesar de todo el progreso tecnológico, permanece un factor decisivo:
El ser humano.

Los humanos no son partículas.
No son variables.
No son modelos perfectos.

Poseen:

- creatividad,
- irracionalidad,
- resistencia,
- capacidad de sorpresa.

Toda máquina de predicción se topa finalmente con este límite.
El futuro sigue siendo abierto porque los humanos siguen siendo abiertos.

**Observación final**

El reinado de las posibilidades es la forma de poder más sutil que la historia de la humanidad haya producido hasta ahora.
No opera a través de la violencia.
No a través de leyes.
No a través del control abierto.

Opera a través de la configuración de las probabilidades.
Y precisamente por eso a menudo permanece invisible.

La cuestión política decisiva del siglo XXI no es, por tanto:
¿Quién controla el presente?
Sino:
¿Quién configura los espacios de futuro posible?

---

## Capítulo 12 – Contratos cuánticos y mercados autónomos

*El nacimiento de una economía que podría funcionar sin humanos*

*"El capitalismo comenzó como un mercado entre humanos. Podría terminar como un mercado entre máquinas."*

---

**El siguiente paso después del algoritmo**

El desarrollo de los mercados financieros sigue una lógica interna.
Cada fase intenta superar un cuello de botella de la anterior.

Al principio, el humano era el cuello de botella.
Emociones.
Errores.
Decisiones lentas.

El algoritmo reemplazó muchas de estas debilidades.
Pero los algoritmos también tienen límites.
Requieren:

- programación humana,
- supervisión humana,
- contratos humanos,
- instituciones humanas.

La siguiente etapa consiste en reducir incluso estas dependencias.
Aquí comienza el mundo de los mercados autónomos.

---

**De contratos a programas**

Durante milenios, un contrato fue un instrumento humano.
Dos partes hacían un acuerdo.
La ejecución se realizaba mediante:

•normas sociales,
•tribunales,
•estados,
•monopolios de la violencia.

Cada contrato contenía margen de interpretación.
Los humanos podían discutir.
Los jueces podían sopesar.
Los contextos podían ser considerados.

La revolución digital cambia fundamentalmente esta estructura.

---

**El nacimiento del contrato inteligente (smart contract)**

Con el desarrollo de redes distribuidas surgió una nueva idea.
Un contrato podría ser auto-ejecutable.
No como documento.
Sino como programa.

El llamado *smart contract* (contrato inteligente).
No solo describe una regla.
La aplica automáticamente.

Si se cumple la condición A,
entonces ocurre la consecuencia B.
Sin negociación.
Sin interpretación.
Sin demora.

El contrato se convierte en una máquina.

---

## El camino hacia el contrato cuántico

El término "contrato cuántico" se utiliza en este libro de manera más amplia que su significado técnico actual. Designa una nueva clase de acuerdos:

- altamente automatizados,
- adaptativos,
- basados en datos,
- controlados algorítmicamente,
- potencialmente optimizados cuánticamente.

El contrato cuántico ya no es solo un documento.
Se convierte en un actor de decisión independiente.
Evalúa situaciones.
Ajusta condiciones.
Reacciona a los cambios del mercado.
Desarrolla una forma limitada de autonomía operativa.

---

## La fusión de contrato y algoritmo

Históricamente, las reglas y las decisiones estaban separadas.
El contrato definía la regla.
El humano tomaba la decisión.

El contrato cuántico disuelve esta separación.
La regla misma se convierte en la que decide.

Así, se desplaza una frontera fundamental de la civilización.
Los humanos ya no interpretan reglas.
Las reglas comienzan a ejecutarse a sí mismas.

---

**La nueva infraestructura de la confianza**

La confianza fue durante mucho tiempo un recurso social.
Se confiaba en:

- familias,
- comunidades,
- instituciones,
- estados.

Los sistemas digitales intentan reemplazar técnicamente la confianza.
Los sistemas de cadena de bloques (*blockchain*) son una expresión de esta idea.
No confianza en las personas.
Sino confianza en los protocolos.
No confianza en las instituciones.
Sino confianza en los procedimientos matemáticos.

El contrato cuántico representa la manifestación más radical de este desarrollo.

## Cuando el capital habla con el capital

El mundo financiero clásico se basaba en la comunicación humana.
Los banqueros llamaban por teléfono.
Los comerciantes negociaban.
Los inversores discutían.

Los mercados autónomos cambian esta imagen.
Las máquinas se comunican directamente entre sí.
Los algoritmos comercian con algoritmos.
La liquidez se proporciona algorítmicamente.
Los riesgos se evalúan algorítmicamente.

El capital comienza a comunicarse con el capital.
El humano desaparece cada vez más del centro operativo.

---

## La aparición de actores de mercado autónomos

Uno de los desarrollos más notables del presente es la aparición de actores digitales.
Estos no poseen personalidad.
No conciencia.
No identidad en el sentido humano.

Y sin embargo toman decisiones.

Ejemplos:

- agentes de comercio algorítmico,
- protocolos de liquidez automatizados,

- sistemas financieros descentralizados,
- modelos de inversión auto-optimizables.

Actúan dentro de objetivos definidos.
Pero sus decisiones concretas surgen autónomamente.

---

**El mercado sin comerciantes**

Desde el capítulo 4, la figura del desaparecido corredor de piso nos ha acompañado.
Ahora este desarrollo alcanza su punto final lógico.

Un mercado ya no necesita teóricamente comerciantes humanos.
Solo necesita:

- capital,
- datos,
- potencia de cálculo,
- reglas.

La formación de precios ocurre por máquina.
El análisis de riesgos ocurre por máquina.
La ejecución ocurre por máquina.

El mercado se convierte en una estructura cibernética.

## La emergencia de inteligencia económica

Aquí comienza una de las preguntas más fascinantes del siglo XXI.
¿Qué sucede cuando millones de algoritmos interactúan simultáneamente?

Nadie controla el sistema total.
Nadie posee una visión completa.
Y sin embargo, surge el orden.

Se forman precios.
La liquidez se distribuye.
Los riesgos se absorben.

El sistema desarrolla propiedades que ningún actor individual planeó.
Esto se llama emergencia.

---

## El sueño de la eficiencia perfecta

Los defensores de los mercados autónomos ven en esto una oportunidad histórica.

Las máquinas no conocen:

- fatiga,
- miedo,
- codicia en el sentido humano,
- lealtades políticas.

Un mercado completamente automatizado podría operar teóricamente:

- más eficientemente,
- más rápido,
- más barato,
- más estable

que las instituciones humanas.
Desde esta perspectiva, la autonomía aparece como progreso.

---

**El problema de la definición de objetivos**

Sin embargo, toda máquina persigue objetivos.
Por tanto, la pregunta decisiva es:
¿Quién define estos objetivos?

Un algoritmo solo optimiza lo que se le ha dado.
Si el objetivo es:
máximo rendimiento
maximizará el rendimiento.
No la justicia.
No la estabilidad social.
No la legitimidad democrática.

La autonomía no resuelve, por tanto, el problema del poder.
Lo desplaza al nivel de la definición de objetivos.

## La nueva invisibilidad

Las estructuras de poder anteriores eran visibles.
Se podía reconocer:

- al rey,
- al banco,
- al gobierno,
- a la corporación.

Los sistemas autónomos dificultan esta atribución.
Las decisiones surgen de redes.
De protocolos.
De modelos.
De interacciones.

La responsabilidad se distribuye en muchos niveles.
Así surge una nueva forma de invisibilidad.
No la invisibilidad de gobernantes secretos.
Sino la invisibilidad de sistemas complejos.

---

## Optimización cuántica y coordinación del mercado

Aquí la revolución cuántica aparece de nuevo.
Los métodos cuánticos e inspirados en la cuántica prometen resolver problemas de coordinación complejos de manera más eficiente.

Por ejemplo:

- asignación global de capital,
- equilibrio de riesgos,

•control de liquidez,
•optimización de redes.

Si tales sistemas se implementaran a gran escala algún día, los mercados podrían comenzar a adaptarse a una velocidad y complejidad que supera la observación humana.
Los mercados ya no reaccionarían.
Anticiparían permanentemente.

---

**El peligro del desacoplamiento**

Sin embargo, una economía autónoma conlleva un riesgo fundamental.
Los mercados no existen por sí mismos.
En última instancia, deben servir a las necesidades humanas.

Si los sistemas de optimización persiguen exclusivamente criterios internos de eficiencia, puede ocurrir un desacoplamiento.
El sistema funciona técnicamente a la perfección.
Pero sus resultados se vuelven socialmente problemáticos.

El capital fluye hacia donde los modelos reconocen ventajas.
No necesariamente hacia donde los humanos tienen necesidades.

Aquí reaparece el motivo del colonialismo económico algorítmico, ya insinuado en el texto de apertura.

## La nueva cuestión de la responsabilidad

Los sistemas legales tradicionales se basan en la rendición de cuentas.
Quien toma una decisión puede ser responsabilizado.

Pero ¿quién asume la responsabilidad de una red emergente de sistemas autónomos?

- ¿El programador?
- ¿El operador?
- ¿El inversor?
- ¿El protocolo?
- ¿Nadie?

Esta pregunta aún no tiene respuesta definitiva.
Podría convertirse en uno de los debates legales más importantes del siglo XXI.

---

## La metafísica de los mercados autónomos

En un nivel más profundo, nuestra comprensión de la economía está cambiando.
La economía clásica veía los mercados como instituciones humanas.

Los mercados autónomos aparecen cada vez más como ecosistemas de información independientes.
Se observan a sí mismos.

Reaccionan a sí mismos.
Se optimizan a sí mismos.

La economía comienza a adquirir características de un organismo complejo.
No consciente.
Pero autorreferencial.

---

## El punto de no retorno

Toda revolución tecnológica tiene un momento en que se vuelve irreversible.
La industrialización lo alcanzó con la fábrica.
La digitalización con internet.

El mundo financiero algorítmico podría alcanzarlo con los mercados autónomos.
A partir de ese punto, la participación humana ya no sería un requisito previo del sistema.
Sino solo una condición de contorno.

---

## Observación final

Los contratos cuánticos y los mercados autónomos marcan la transformación más trascendental de la organización económica hasta la fecha.
Por primera vez surge la posibilidad de una economía en la que las reglas no solo se establecen, sino que son ejecutadas, adaptadas y optimizadas continuamente por máquinas.

La visión es fascinante.
Los riesgos son considerables.

Porque toda automatización de decisiones plantea la misma pregunta:
¿Quién determina los objetivos que siguen las máquinas?

Mientras esta pregunta no tenga respuesta, el futuro de los mercados autónomos también permanece abierto.

---

## Capítulo 13 – El colonialismo económico algorítmico

*Cómo los datos, los modelos y el capital crean una nueva geografía del poder*

*"El colonialismo del siglo XIX controlaba territorios. El colonialismo del siglo XXI controla probabilidades."*

---

### Una nueva forma de expansión

Cuando la gente oye la palabra colonialismo, piensa en:

- imperios,
- flotas,
- compañías comerciales,
- ocupaciones,
- extracción de materias primas.

Piensan en un dominio visible.
En banderas en costas extranjeras.
En soldados y gobernadores.

Sin embargo, cada época desarrolla sus propias formas de expansión.
El poder del siglo XXI rara vez se mueve a través de ejércitos.
Se mueve a través de:

- datos,
- algoritmos,
- flujos de capital,
- infraestructuras digitales,
- plataformas.

El nuevo colonialismo no conquista países.
Conquista espacios de decisión.

---

**La geografía del viejo mundo**

El colonialismo histórico se basaba en un principio simple:
Control sobre los recursos.

Quien controlaba el acceso a:

- oro,
- plata,
- especias,
- petróleo,
- rutas comerciales

controlaba la riqueza.
El poder era geográfico.
Dependía de los territorios.
Por eso los mapas se convirtieron en instrumentos de dominio.
Los imperios trazaban fronteras.
Y las fronteras determinaban la riqueza.

---

**La geografía del mundo de los datos**

En la era de la información, el mapa se desplaza.
Los recursos más valiosos ya no se encuentran principalmente bajo tierra.
Surgen del comportamiento humano.

Cada clic.
Cada movimiento.
Cada compra.
Cada consulta de búsqueda.
Cada interacción digital.

Esta información se convierte en materia prima.
No porque sea valiosa de forma aislada.
Sino porque, en cantidades gigantescas, revela patrones.

Los datos se convierten en el nuevo mineral de la era digital.

**La nueva extracción**

Los imperios históricos extraían materias primas.
Las plataformas modernas extraen información.

El mecanismo presenta paralelismos asombrosos.
Antes, las materias primas salían de la colonia.
Hoy, los datos salen del usuario.

En ambos casos, el valor se crea mediante el procesamiento en otro lugar.
La creación de valor real no ocurre donde se origina el recurso.
Sino donde se analiza, combina y monetiza.

---

**La economía invisible de las materias primas**

La mayoría de las personas no se dan cuenta de que producen datos a diario.
Experimentan:

- comunicación,
- entretenimiento,
- navegación,
- consumo.

Pero en segundo plano se crean conjuntos de datos gigantescos.
Estos conjuntos de datos permiten:

- predicciones de comportamiento,
- modelos de riesgo,

- análisis de mercado,
- entrenamiento de IA,
- influencia política.

La materia prima se suministra voluntariamente.
A menudo sin una conciencia clara de su valor.

---

**El nacimiento de los imperios de modelos**

Los imperios históricos controlaban territorios.
Los nuevos imperios controlan modelos.

Un modelo posee una propiedad extraordinaria.
Puede aplicarse a millones o miles de millones de personas.
Un algoritmo exitoso escala casi sin límites.

Así surge una forma de poder que trasciende las fronteras geográficas.
El modelo viaja.
La infraestructura permanece.
El impacto se globaliza.

---

**Los mercados financieros como amplificadores**

En ningún lado este mecanismo es más evidente que en el sistema financiero global.
Los flujos de capital modernos siguen cada vez más evaluaciones algorítmicas.

Los modelos analizan:

- estabilidad,
- riesgo,
- crecimiento,
- liquidez,
- señales geopolíticas.

Luego las inversiones se mueven.
No por relaciones personales.
No por proximidad cultural.
Sino por atractivo matemático.

---

**Cuando los modelos evalúan países**

Aquí comienza la verdadera transformación.
Un estado ya no es visto principalmente como una comunidad política.
Sino como un conjunto de datos.
Como un paquete de variables.

Por ejemplo:

- tasas de inflación,
- niveles de deuda,
- demografía,
- precios de la energía,
- estabilidad política.

A partir de estas variables surgen evaluaciones.
De las evaluaciones surgen flujos de capital.

Y de los flujos de capital surgen consecuencias económicas reales.

---

## El poder de los modelos de riesgo

El riesgo aparece como una categoría objetiva.
En realidad, es una interpretación.

Todo modelo de riesgo contiene supuestos.
Estos supuestos influyen en:

- inversiones,
- préstamos,
- tasas de interés,
- acceso al capital.

Un país puede parecer económicamente saludable.
Pero si los modelos perciben riesgos, el capital fluye fuera.
El propio modelo se convierte en un actor geopolítico.

---

## La nueva periferia

En el colonialismo clásico existían centros y periferias.
Las materias primas se movían de la periferia al centro.
La creación de valor se concentraba en el centro.

En la era digital, surge un patrón similar.
Los datos surgen en todas partes.

Pero su procesamiento se concentra en pocas regiones.

Allí se encuentran:

- centros de datos,
- laboratorios de investigación,
- centros financieros,
- infraestructuras de IA.

La periferia digital suministra materia prima.
Los centros digitales crean valor.

---

**El algoritmo como gobernador**

El gobernador histórico representaba al imperio localmente.
El algoritmo hoy cumple una función comparable.

Decide:

- qué contenido se vuelve visible,
- qué empresas se financian,
- qué mercados parecen atractivos,
- qué riesgos parecen aceptables.

Estas decisiones no son políticas en su origen.
Pero sus efectos son políticos.

El algoritmo gestiona la atención, el capital y la visibilidad.

---

## La aparición de la realidad asimétrica

Una característica central de los sistemas algorítmicos es su asimetría.
Los evaluados normalmente no ven los modelos.
Los modeladores ven a los evaluados con mucha precisión.

Esto crea un desequilibrio de poder.
Históricamente, el administrador colonial poseía mapas, censos y estadísticas.
La población local rara vez disponía de la misma información.

Hoy surge una asimetría de información similar.
La plataforma conoce mejor al usuario de lo que el usuario conoce a la plataforma.

---

## El reinado de la correlación

Otra característica del colonialismo económico algorítmico es que las decisiones se basan cada vez más en correlaciones.
No en comprensión cultural.
No en contextos históricos.
No en experiencia humana.
Sino en patrones.

Un modelo no pregunta:
¿Por qué existe este problema?

Pregunta:
¿Qué variables se correlacionan con este problema?

Este cambio modifica la lógica de las decisiones económicas.

---

**El capital como flujo autónomo**

En los primeros capítulos de este libro, encontramos la idea de mercados autónomos.
Aquí se hace visible su consecuencia geopolítica.

El capital comienza a comportarse como un flujo inteligente.
Busca:

- eficiencia,
- rendimiento,
- estabilidad,
- calidad del patrón.

No se mueve por criterios morales.
Sigue una lógica algorítmica.

Así surgen ganadores y perdedores sin que ningún actor individual lo pretenda conscientemente.

## La nueva forma de dependencia

Las colonias históricas se volvieron dependientes de potencias externas.
El mundo digital crea nuevas dependencias.
De:

- infraestructuras en la nube,
- redes de pago,
- economías de plataforma,
- sistemas de IA,
- arquitecturas de datos.

Estas dependencias son menos visibles que el control militar.
Pero pueden ser igualmente profundas.

---

## La ilusión de la neutralidad

Los defensores de los sistemas algorítmicos a menudo enfatizan su neutralidad.
El algoritmo no discrimina.
Solo calcula.

Pero los modelos nunca son completamente neutrales.
Reflejan:

- datos,
- objetivos,
- ponderaciones,
- supuestos.

Cada una de estas decisiones tiene consecuencias políticas y económicas.
La neutralidad de la máquina puede convertirse fácilmente en la invisibilidad del poder.

---

**El nuevo extractivismo**

Los imperios históricos extraían materias primas.
El colonialismo económico algorítmico extrae algo más:
Comportamiento.
Atención.
Predictibilidad.

La verdadera materia prima ya no es la materia.
Es el futuro humano.
Porque todo modelo intenta en última instancia hacer calculable el comportamiento futuro.

---

**Los contra-movimientos**

Como toda estructura de poder, este nuevo orden también genera resistencia.
En todo

.. el mundo surgen demandas de:

- soberanía de datos,
- transparencia algorítmica,
- autodeterminación digital,
- infraestructura local,

•investigación pública en IA.

Estos movimientos entienden que los conflictos decisivos del futuro se librarán menos por territorios que por espacios de información.

**El significado más profundo**

El término "colonialismo económico algorítmico" no debe entenderse como una simple acusación.
Describe una estructura.
Una dinámica.
Un desplazamiento del poder.

La cuestión central no es si los actores individuales tienen malas intenciones.
La cuestión central es:
¿Qué consecuencias surgen cuando los sistemas globales organizan el capital y la atención según criterios que solo unos pocos entienden y controlan?

**Observación final**

El colonialismo de la era industrial controlaba la tierra.
El colonialismo económico algorítmico controla modelos.

No ocupa territorios.
Ocupa espacios de probabilidad.

No determina directamente lo que sucede.
Influye en lo que es probable que suceda.

Así surge una forma de poder más sutil, más global y a menudo más invisible que sus predecesores históricos.
Los grandes conflictos del futuro no se librarán solo por recursos.
Sino por datos.
Por modelos.
Por potencia de cálculo.
Y por la cuestión de quién controla la arquitectura de la probabilidad.

---

## Capítulo 14 – La nueva aristocracia

*Los dueños de las probabilidades*

*"En cada época existe una clase que no solo posee riqueza, sino que determina las reglas según las cuales se crea la riqueza. La aristocracia de la era de la información no posee tierras. Posee modelos."*

---

### ¿El fin de las viejas élites?

La modernidad creyó durante mucho tiempo en una gran narrativa:
Que el progreso técnico disolvería las viejas jerarquías.
La democracia debía limitar el poder de los reyes.
El capitalismo debía reemplazar el poder de la nobleza.
La educación debía superar el origen.
La digitalización debía democratizar el conocimiento.

Y ciertamente, muchas estructuras de poder tradicionales se debilitaron.
Pero la historia no conoce el vacío de poder.
Cuando una élite desaparece, suele surgir otra.

La pregunta no es, por tanto:
¿Existen élites?
Sino:
¿Quién forma la élite de cada época?

---

**La aristocracia de la tierra**

En la Edad Media, el poder se basaba en la tierra.
La tierra significaba:

- alimento,
- impuestos,
- soldados,
- control político.

La nobleza no poseía poder porque fuera más inteligente.
Sino porque controlaba el recurso más importante de su tiempo.

El orden aristocrático era en última instancia un orden de infraestructura.
Quien controlaba la tierra controlaba la sociedad.

## La aristocracia del capital

Con la industrialización, el poder se desplazó.
Las fábricas se volvieron más importantes que los campos.
El capital se volvió más importante que la tierra.

Surgió una nueva élite:

- industriales,
- banqueros,
- dinastías financieras,
- empresarios.

Ellos controlaban los medios de producción.
La posesión de capital reemplazó la posesión de tierra.

La lógica seguía siendo la misma.
El recurso central determina la clase dominante.

---

## La aristocracia de la información

En la era de la información, el poder se desplaza nuevamente.
El recurso decisivo ya no es principalmente:

- tierra,
- fábricas,
- máquinas.

Sino:

- datos,
- modelos,
- redes,
- potencia de cálculo,
- atención.

Quien controla estos recursos obtiene una ventaja estructural.
No solo económica.
Sino social y política.

---

## El nacimiento de los dueños de modelos

En los capítulos anteriores hemos visto:

- los datos generan modelos,
- los modelos generan predicciones,
- las predicciones influyen en decisiones,
- las decisiones cambian la realidad.

De esto se sigue una nueva concentración de poder.
Los actores decisivos ya no son meros poseedores de capital.
Son poseedores de máquinas de predicción.
Poseedores de arquitecturas de probabilidad.
Poseedores de realidad algorítmica.

## La nueva forma de propiedad

Históricamente, la propiedad era visible.
Un castillo.
Una mina.
Una fábrica.
Un terreno.

La nueva aristocracia a menudo posee activos intangibles.
Por ejemplo:

- datos de entrenamiento,
- algoritmos,
- plataformas,
- modelos de IA,
- efectos de red.

Estos bienes poseen una propiedad extraordinaria.
Se vuelven más valiosos cuantas más personas los usan.
Así surgen estructuras de poder auto-reforzantes.

---

## Las matemáticas de la concentración

La riqueza de la nueva aristocracia no crece linealmente.
Crece exponencialmente.

¿Por qué?
Porque los sistemas digitales poseen economías de

escala.
Un modelo puede servir a:

- cien personas,
- mil personas,
- mil millones de personas.

Los costes aumentan solo de forma limitada.
El impacto crece enormemente.

Así surge una concentración que los sistemas económicos anteriores apenas conocían.

---

**Los dueños de la infraestructura**

Una de las ideas más importantes de este libro es:
El poder rara vez está en la superficie.
Está en la infraestructura.

La nueva aristocracia a menudo no controla el mercado visible.
Controla la infraestructura del mercado.

Esto incluye:

- sistemas en la nube,
- plataformas de IA,
- redes de pago,
- centros de datos,
- producción de chips,
- arquitecturas de negociación.

Quien controla la infraestructura controla las posibilidades.

---

**La nueva herencia**

Las aristocracias se caracterizan históricamente por la herencia.
Los privilegios se transmiten.

Curiosamente, surge una dinámica similar en la era digital.
No a través de títulos.
No a través de patentes de nobleza.
Sino a través del acceso.

Acceso a:

- educación,
- datos,
- capital,
- redes,
- tecnología.

Los hijos de la nueva élite crecen dentro de un ecosistema que les otorga ventajas estructurales.
La forma cambia.
La función sigue siendo familiar.

## La aristocracia del conocimiento

La nueva élite no solo posee riqueza.
También posee conocimiento.
O más precisamente:
Posee acceso a sistemas de conocimiento.

Los recursos más importantes del siglo XXI son altamente complejos.
Solo unas pocas personas entienden:

- arquitecturas de IA,
- optimización cuántica,
- modelos financieros,
- redes globales de datos.

Así surge una asimetría de conocimiento.
Esta asimetría se convierte en la base del nuevo poder.

---

## La nueva legitimación

Toda aristocracia necesita una justificación.
La nobleza invocaba el nacimiento.
La élite industrial invocaba el espíritu empresarial.
La nueva aristocracia invoca la competencia.

Argumenta:
Controlamos estos sistemas porque los entendemos.

Esta afirmación no es completamente falsa.
La complejidad de los sistemas modernos requiere experiencia.

Pero la experiencia por sí sola no responde a la cuestión de la legitimidad.

---

### La invisibilidad de la nueva nobleza

Los aristócratas históricos eran visibles.
Vivían en palacios.
Llevaban títulos.
Ocupaban cargos públicos.

La nueva aristocracia es más difícil de reconocer.
Su poder opera a través de:

- estructuras de propiedad,
- participaciones,
- plataformas,
- flujos de datos,
- arquitecturas de modelos.

A menudo permanece en segundo plano.
Precisamente por eso rara vez se la percibe como aristocracia.

---

### El surgimiento del orden tecnofeudal

Algunos pensadores políticos utilizan hoy el término "tecnofeudalismo".
Se refiere a la idea de que las plataformas digitales cumplen funciones similares a las de los señores feudales.

La analogía no es perfecta.
Pero apunta a algo importante.

Muchas personas se mueven dentro de territorios digitales que no les pertenecen.
Trabajan.
Se comunican.
Comercian.
Consumen.

Pero la infraestructura pertenece a otros.

---

**La aristocracia financiera del futuro**

Este desarrollo se vuelve especialmente evidente en las altas finanzas.

Quien en el futuro posea:

- optimización cuántica,
- predicciones asistidas por IA,
- fuentes globales de datos,
- sistemas de negociación autónomos,

posee una ventaja estructural.
Esta ventaja genera:

- mayores beneficios,
- mejores datos,
- mejores modelos,
- aún mayores beneficios.

Surge un ciclo.
La aristocracia se reproduce a sí misma.

---

**El peligro de una élite cerrada**

Toda élite enfrenta la misma tentación.
Aislarse.
Asegurar sus ventajas.
Limitar el acceso.
Reducir la competencia.

Cuando la nueva aristocracia comienza a controlar simultáneamente conocimiento, infraestructura y capital, surge un riesgo.
No necesariamente tiranía.
Sino osificación.

La dinámica social depende de que nuevos actores puedan ascender.

---

**Las fuerzas de contrapeso**

La historia nunca es unilateral.
Toda concentración de poder va seguida de contra-movimientos.

En la era digital, estos podrían surgir a través de:

- iniciativas de código abierto,
- investigación pública,

•redes descentralizadas,
•transparencia algorítmica,
•derechos digitales fundamentales.

Estas fuerzas intentan hacer que la infraestructura del futuro sea más ampliamente accesible.

---

**La verdadera cuestión**

La existencia de una élite no es históricamente nueva.
Lo nuevo es la naturaleza de su poder.

La nueva aristocracia no controla principalmente a las personas.
Controla:

•flujos de información,
•modelos,
•probabilidades,
•atención,
•infraestructura digital.

Así controla las condiciones bajo las cuales surgen las decisiones.

---

**Observación final**

La aristocracia del siglo XXI no lleva coronas.
No tiene escudos de armas.
Rara vez gobierna mediante órdenes directas.

Su poder es más profundo.
Posee los sistemas que determinan lo que se vuelve visible.
Posee los modelos que evalúan los riesgos.
Posee la infraestructura sobre la que se basan los mercados, la comunicación y el conocimiento.

No es un retorno de la vieja nobleza.
Es su mutación algorítmica.

Una aristocracia de los datos.
Una aristocracia de los modelos.
Una aristocracia de la probabilidad.

---

## Capítulo 15 – La fragilidad de la máquina perfecta

*Por qué los sistemas más poderosos de la historia podrían ser también los más vulnerables*

*"Cuanto más perfecto se vuelve un sistema, menos espacio tiene para las sorpresas. Y ahí es precisamente donde espera la catástrofe."*

---

### El sueño del orden perfecto

Desde el inicio de la civilización, el ser humano persigue un sueño ancestral.
La creación de un orden perfecto.
Un orden sin:

•caos,
•incertidumbre,
•error,
•desperdicio,
•crisis.

Los sacerdotes querían aplacar a los dioses.
Los reyes querían imperios estables.
Las burocracias querían administración calculable.
Los economistas querían mercados eficientes.
Los informáticos quieren sistemas óptimos.

Una y otra vez aparece la misma visión:
Si reunimos suficiente conocimiento, podremos dominar el mundo.

---

**La consumación del antiguo sueño**

En la era algorítmica, este sueño parece más tangible que nunca.
Disponemos de:

•redes globales de datos,
•inteligencia artificial,
•optimización cuántica,
•mercados autónomos,
•análisis en tiempo real.

Nunca antes una civilización pudo observarse a sí misma en tal medida.
Nunca antes pudo modelar sus procesos con tanta

precisión.
Nunca antes pudo tomar decisiones tan rápidamente.

Y aquí es precisamente donde comienza la paradoja.

---

**Por qué los sistemas perfectos se rompen**

Los sistemas complejos rara vez fallan por sus debilidades.
A menudo fallan por sus fortalezas.

Un sistema se optimiza.
Cada vez más.
Cada vez con más precisión.
Cada vez con más eficiencia.
Hasta que desaparece toda reserva.
Hasta que toda redundancia parece un desperdicio.
Hasta que se elimina toda demora.

Entonces basta una pequeña sacudida.
Y el sistema reacciona de forma desproporcionada.

---

**La lección de la naturaleza**

La naturaleza no trabaja según la máxima eficiencia.
Trabaja según la resiliencia.

Los bosques poseen:

- solapamientos,

- redundancias,
- diversidad,
- estructuras aparentemente ineficientes.

Estas propiedades parecen derrochadoras.
Pero aseguran la supervivencia.

Un bosque resiste las tormentas porque no está perfectamente optimizado.
Posee margen de maniobra.

---

**La lógica de la máquina**

Los algoritmos piensan de manera diferente.
Buscan:

- minimización,
- optimización,
- eficiencia,
- velocidad.

Lo que no se necesita, se elimina.
Lo que causa costes, se reduce.
Lo que es lento, se acelera.

Dentro de parámetros estrechos, esto produce resultados impresionantes.
Pero a largo plazo, la misma lógica puede generar fragilidad.

---

## El mundo financiero como señal de advertencia

La historia financiera moderna proporciona numerosos ejemplos.
Antes de cada gran crisis existía una creencia extendida:
El sistema se ha vuelto más estable.

Antes de 1987.
Antes de 1998.
Antes de 2008.
Antes de numerosos *flash crashes*.

Una y otra vez, los expertos creían haber entendido mejor los riesgos.
Y una y otra vez surgieron nuevos riesgos en lugares inesperados.
No a pesar de los modelos.
Sino en parte debido a ellos.

---

## La ilusión de control

Cuantos más datos están disponibles, más crece la ilusión de control.
La gente comienza a creer:

- Todo es medible.
- Todo es modelable.
- Todo es predecible.

Pero los modelos no solo generan conocimiento.
También generan exceso de confianza.

Y el exceso de confianza está entre las fuerzas más peligrosas de los sistemas complejos.

---

## La homogeneización del pensamiento

Uno de los mayores peligros de los sistemas algorítmicos reside en su homogeneización.

Cuando millones de participantes del mercado usan los mismos modelos,
ven las mismas señales.
Evalúan los mismos riesgos.
Toman decisiones similares.

A corto plazo surge estabilidad.
A largo plazo surge vulnerabilidad.
Porque la diversidad desaparece.

---

## La catástrofe de la sincronización

Los mercados históricos consistían en actores diversos.
Las personas reaccionaban de manera diferente.
A diferentes velocidades.
Con diferentes creencias.

Los sistemas modernos sincronizan el comportamiento.
Cuando muchos algoritmos reaccionan simultáneamente, surgen bucles de retroalimentación.
Un pequeño movimiento se amplifica.

Una amplificación genera más reacciones.
Surge un ciclo.

El resultado pueden ser movimientos extremos del mercado.

---

**El flash crash cuántico**

En el texto de apertura de este libro se describió la posibilidad de los llamados *quantum flash crashes*.
Ya sea que este término se establezca técnicamente en el futuro o no, apunta a una preocupación real.

Cuanto más complejos y rápidos se vuelven los sistemas,
más corto es el tiempo entre causa y efecto.
La intervención humana se vuelve cada vez más imposible.

El mercado reacciona más rápido de lo que los humanos pueden siquiera reconocer lo que está sucediendo.

---

**La tiranía de la optimización**

Toda optimización tiene un objetivo.
Y ahí radica precisamente su problema.

Porque el mundo nunca persigue un solo objetivo.
Un sistema financiero debe ser simultáneamente:

•eficiente,
•estable,
•justo,
•innovador,
•resiliente.

Si se optimiza exclusivamente la eficiencia,
se debilitan otras propiedades.

La máquina perfecta puede, por tanto, destruir su propia base.

---

**El cisne negro**

El ensayista y teórico del riesgo Nassim Nicholas Taleb acuñó el concepto del "cisne negro".
Se refiere a eventos

•que son raros,
•parecen difíciles de predecir,
•tienen enormes consecuencias.

La mayor debilidad de muchos modelos es que se basan en patrones conocidos.
Pero el cisne negro vive fuera de los patrones conocidos.

Ahí termina el poder de la predicción.

---

**El regreso de lo desconocido**

La era algorítmica intenta reducir la incertidumbre.
Pero la incertidumbre no desaparece.
Se desplaza.

Cuando los riesgos conocidos se controlan mejor,
los riesgos desconocidos emergen con más fuerza.

La historia de los sistemas complejos muestra:
Toda incertidumbre resuelta genera nuevas incertidumbres.
El límite del conocimiento se desplaza.
No desaparece.

---

**La emergencia como punto ciego**

Los desarrollos más peligrosos a menudo no surgen de errores.
Sino de interacciones.

Un algoritmo individual puede funcionar perfectamente.
Miles de algoritmos que funcionan correctamente pueden, sin embargo, generar inestabilidad conjuntamente.

Aquí encontramos el principio de emergencia.
El sistema total desarrolla propiedades
que no estaban contenidas en ninguna de sus partes individuales.
Nadie las planeó.
Nadie las controla completamente.
Y sin embargo surgen.

**La vulnerabilidad de la infraestructura**

La nueva aristocracia controla:

- datos,
- modelos,
- redes,
- centros de datos.

Pero precisamente esta concentración genera vulnerabilidad.
Cuanto más central se vuelve un sistema, mayores son las consecuencias de su fallo.

Un solo nodo puede tener efectos en:

- mercados,
- comunicación,
- cadenas de suministro,
- sistemas financieros.

La fortaleza de la interconexión se convierte en la fuente de nuevos riesgos.

---

**La variable humana**

En todos los escenarios futuros de este libro aparece una y otra vez el mismo límite.
El ser humano.

Los humanos no actúan de manera completamente racional.

Sorpresas.
Contradicen expectativas.
Cambian las reglas.
Se rebelan.

Desde la perspectiva de muchos modelos, estas propiedades aparecen como perturbaciones.
En verdad, a menudo constituyen la fuente más importante de adaptabilidad social.

---

**La ilusión de la infalibilidad**

Todo orden de poder acaba desarrollando la creencia en su propia estabilidad.
Los imperios creían en su eternidad.
Las monarquías creían en su legitimidad.
Las ideologías creían en su verdad.

Los sistemas algorítmicos también pueden sucumbir a esta tentación.
La convicción:
El modelo sabe más.

Pero ahí es precisamente donde comienza el peligro.
No en la tecnología.
Sino en la creencia en su infalibilidad.

---

**La sabiduría de la imperfección**

Quizás la lección más importante de los sistemas complejos reside en una idea sorprendente:
La perfección no siempre es una ventaja.

Algunos errores son útiles.
Algunos desvíos son valiosos.
Algunas ineficiencias crean resiliencia.

La naturaleza ha aprendido esto a lo largo de miles de millones de años.
La civilización digital apenas empieza a entender esta lección.

---

**La consecuencia filosófica**

El mayor desafío del siglo XXI puede no ser construir mejores modelos.
Sino aceptar límites.

Reconocer que:

- el conocimiento sigue siendo limitado,
- las predicciones siguen siendo inciertas,
- los sistemas siguen siendo capaces de ser sorprendidos.

El futuro puede ser influenciado.
Pero nunca poseído completamente.

## Observación final

La máquina perfecta es la gran promesa de la era algorítmica.
Un sistema
que lo ve todo,
lo calcula todo,
lo optimiza todo.

Pero esta misma visión contiene su propia contradicción.
Porque cuanto más amplia es la optimización,
mayor es el peligro
de que el sistema pierda su capacidad para enfrentar lo inesperado.

El futuro, por tanto, probablemente no pertenezca a los sistemas más perfectos.
Sino a los más resistentes.
No a los más rápidos.
Sino a los más adaptables.
No a las máquinas omniscientes.
Sino a aquellas sociedades que han aprendido a vivir con la incertidumbre.

## Parte IV: El gran desacoplamiento

### Capítulo 16 – El gran desacoplamiento

*Cuando los mercados, las máquinas y los humanos ya no siguen la misma realidad*

*"La mayor revolución no ocurre cuando las máquinas se vuelven más inteligentes. Ocurre cuando su lógica comienza a separarse de la lógica humana."*

---

#### El momento de la separación

Toda civilización descansa sobre un supuesto fundamental:
Que sus instituciones centrales sirven en última instancia a las necesidades de los humanos.
Los mercados existen para distribuir bienes.
Los bancos existen para proporcionar capital.
Los gobiernos existen para organizar sociedades.
Las tecnologías existen para ampliar las capacidades humanas.

Pero ¿qué sucede cuando esta conexión se debilita?
Cuando los sistemas siguen funcionando –
pero resulta cada vez más difícil comprender a quién sirven realmente?

Aquí comienza el gran desacoplamiento.

## La unidad histórica

Durante milenios, la economía y la sociedad estuvieron estrechamente entrelazadas.
Un campesino producía alimentos.
Un artesano fabricaba herramientas.
Un comerciante intercambiaba bienes.

La conexión entre trabajo, valor y riqueza era visible.
No siempre justa.
No siempre eficiente.
Pero fundamentalmente comprensible.

Las personas podían reconocer cómo la actividad económica estaba conectada con sus vidas.

---

## El primer desacoplamiento: el capital financiero

Con la industrialización comenzó la primera gran distancia.
El capital se volvió cada vez más abstracto.
Acciones.
Bonos.
Derivados.
Productos financieros.

La riqueza ya no estaba exclusivamente ligada a la producción física.
El mundo financiero desarrolló sus propias dinámicas.

Sin embargo, seguía estando en última instancia conectado con la economía real.
Las fábricas seguían produciendo bienes reales.

---

## El segundo desacoplamiento: la digitalización

La revolución digital aceleró este proceso.
El valor surgió cada vez más a través de:

- software,
- redes,
- datos,
- plataformas,
- atención.

Una empresa podía valer miles de millones sin poseer grandes activos físicos.
La conexión entre producción material y valoración de mercado se debilitó.
El mercado comenzó a valorar las expectativas más que la realidad presente.

---

## El tercer desacoplamiento: la algoritmización

Con el auge de los sistemas algorítmicos surge una nueva etapa.
Las máquinas no actúan basándose en narrativas humanas.
Actúan basándose en:

•patrones,
•probabilidades,
•correlaciones,
•funciones de optimización.

Para un algoritmo, una historia no tiene significado.
Una nación no tiene identidad.
Una tradición no tiene valor intrínseco.
Solo existen puntos de datos.

El lenguaje de los mercados comienza a separarse del lenguaje de los humanos.

---

**Surgen dos realidades**

El mundo moderno desarrolla cada vez más dos realidades paralelas.

**La realidad humana**
Consiste en:

•experiencias,
•esperanzas,
•miedos,
•identidades,
•significados culturales.

**La realidad algorítmica**
Consiste en:

•conjuntos de datos,
•probabilidades,

•funciones de optimización,
•modelos,
•correlaciones.

Durante mucho tiempo, ambos mundos se superpusieron.
Hoy se están separando.

---

**El mercado no entiende historias**

Los humanos piensan en historias.
Las máquinas piensan en patrones.

Una sociedad se cuenta a sí misma:
Estamos invirtiendo en nuestro futuro.
Un modelo registra:
Rendimiento esperado: 3,7%.

Un país se describe a sí mismo como una comunidad cultural.
Un algoritmo evalúa:
Perfil de riesgo elevado.

Aquí surge una diferencia fundamental.
La máquina reduce el significado a la calculabilidad.

---

**El desacoplamiento del capital**

Hoy, el capital se mueve con una velocidad y flexibilidad que las sociedades históricas nunca

conocieron.
En segundos puede:

- abandonar mercados,
- cambiar de divisa,
- redistribuir riesgos,
- saltar continentes.

Los humanos, en cambio, permanecen:

- locales,
- culturalmente arraigados,
- institucionalmente vinculados.

El capital se globaliza.
Los humanos siguen siendo físicos.
Los intereses de ambos comienzan a divergir.

---

**El desacoplamiento del trabajo**

Otra dimensión se hace evidente en el mundo laboral. Tradicionalmente, los ingresos provenían de la participación en la creación de valor.

La economía digital está cambiando esta relación.
Valores cada vez mayores surgen a través de:

- automatización,
- escalado,
- efectos de plataforma,
- sistemas de IA.

La productividad crece.
Pero no necesariamente la participación social.
La riqueza y el trabajo se están alejando uno del otro.

---

## El desacoplamiento de la información

En sociedades anteriores, la información era escasa.
Hoy es superabundante.

Paradójicamente, esto no crea una realidad compartida.
Sino muchas realidades paralelas.

Los algoritmos personalizan la información.
Cada uno ve un mundo diferente.
Cada uno recibe señales diferentes.

Esto dificulta el entendimiento colectivo.
La sociedad pierde su base de información común.

---

## El desacoplamiento de la responsabilidad

Las decisiones históricas tenían autores identificables.
Un rey decidía.
Un parlamento resolvía.
Un consejo de administración aprobaba.

Los sistemas algorítmicos difuminan esta atribución.
Las decisiones surgen de:

- modelos,

- conjuntos de datos,
- procesos de optimización,
- redes.

La responsabilidad se vuelve difusa.
La acción sigue siendo visible.
El actor desaparece.

---

**El desacoplamiento de la democracia**

La democracia se basa en un principio simple:
Las personas deben tener influencia sobre las fuerzas que determinan sus vidas.

Pero muchos sistemas decisivos quedan cada vez más fuera del control democrático clásico.
Por ejemplo:

- flujos globales de capital,
- arquitecturas de plataforma,
- modelos de IA,
- algoritmos financieros.

La esfera política pierde influencia sobre procesos que intervienen profundamente en la sociedad.
Esto genera tensiones.

**El desacoplamiento del tiempo**

Los humanos viven en tiempo biológico.
Los mercados viven en tiempo algorítmico.

Un humano piensa en:

- días,
- meses,
- años.

Un algoritmo opera en:

- milisegundos,
- microsegundos,
- nanosegundos.

Los plazos comienzan a diferir.
Lo que es presente para los humanos ya aparece como pasado para las máquinas.

---

**El desacoplamiento del conocimiento**

Los sistemas modernos se vuelven cada vez más complejos.
Solo unos pocos especialistas entienden su arquitectura.

Así surge una nueva brecha.
La mayoría usa los sistemas.
Una minoría los entiende.

Esta asimetría de conocimiento recuerda a épocas anteriores:

- los sacerdotes entendían los rituales,
- los eruditos entendían las escrituras,
- los expertos entienden los algoritmos.

El orden del conocimiento vuelve a ser jerárquico.

---

**La consecuencia psicológica**

Muchas personas sienten intuitivamente el gran desacoplamiento.
Experimentan:

- incertidumbre económica,
- desconfianza institucional,
- agobio tecnológico.

Pero a menudo falta el lenguaje para describir estas experiencias.
La sensación es:
El mundo es movido por fuerzas que no puedo ver ni influir.

Precisamente esta sensación constituye el núcleo emocional de la esotericia algorítmica.

**El regreso de lo mitológico**

Paradójicamente, la racionalización extrema a menudo conduce a nuevos mitos.
Cuando los sistemas se vuelven demasiado complejos, surgen narrativas.
Conspiraciones.
Promesas de salvación.
Religiones tecnológicas.

Las personas buscan significado donde falta transparencia.
La caja negra se convierte en la cámara de misterios moderna.

---

**La cuestión del papel humano**

El gran desacoplamiento plantea en última instancia una pregunta existencial.
¿Qué papel juega el ser humano en un orden cada vez más analizado, optimizado y controlado por máquinas?

¿Es:

- usuario?
- propietario?
- proveedor de materia prima?
- tomador de decisiones?
- observador?

La respuesta aún está abierta.

---

## La posibilidad de reconexión

El desacoplamiento no es una ley natural.
Es el resultado de decisiones.

Las sociedades pueden crear nuevas conexiones:

- control democrático,
- transparencia algorítmica,
- investigación pública,
- educación digital,
- reformas institucionales.

La cuestión no es si la tecnología debe existir.
La cuestión es cómo se integra en los objetivos humanos.

---

## El significado más profundo

El gran desacoplamiento no describe la victoria de la máquina sobre el humano.
Describe una distancia creciente entre diferentes lógicas.

Entre:

- significado y cálculo,
- cultura y optimización,
- experiencia y datos,
- humano y modelo.

Cuanto mayor es esta distancia,
mayor es el desafío para las sociedades modernas.

---

**Observación final**

La revolución algorítmica no solo está cambiando los mercados.
Está cambiando la relación entre el ser humano y la realidad.

Por primera vez surge la posibilidad de que los sistemas más importantes de nuestra civilización operen según reglas que son efectivas pero ya no intuitivamente comprensibles.

Así se hace visible la tarea política central del siglo XXI:
No la prevención del progreso tecnológico.
Sino el restablecimiento de una conexión entre los valores humanos y el poder de las máquinas.

Porque una sociedad solo puede permanecer estable a largo plazo si sus personas entienden por qué el mundo funciona como funciona.

## Capítulo 17 – La constitución de los algoritmos

*Quien escribe las reglas cuando las reglas mismas actúan*

*"Antes, las leyes limitaban a las personas. Hoy, las leyes deben limitar a sistemas que son más rápidos que cualquier institución."*

---

### El momento en que la ley ya no es suficiente

Los sistemas legales se encuentran entre las tecnologías más antiguas de la humanidad.
Se basan en un supuesto simple:
Que las acciones son comprensibles.

Una ley describe:

- lo que está permitido,
- lo que está prohibido,
- lo que sucede en caso de conflicto.

Pero esta estructura presupone algo:
Tiempo.
Tiempo para la interpretación.
Tiempo para los procedimientos.
Tiempo para la objeción.

Los sistemas algorítmicos reducen precisamente este tiempo.
Actúan en milisegundos.
Reaccionan en tiempo real.

Y cambian los estados antes de que un proceso legal pueda siquiera comenzar.

---

**La constitución clásica del mundo**

La democracia moderna se basa en constituciones.
Una constitución no es una ley en sentido estricto.
Es un marco.

Define:

- derechos fundamentales,
- limitación del poder,
- equilibrio institucional,
- separación de poderes.

Es lenta.
Intencionadamente lenta.
Porque la estabilidad surge a través del retraso.

---

**La nueva pregunta: ¿qué es una constitución para máquinas?**

Cuando los sistemas comienzan a actuar autónomamente,
surge una nueva pregunta:
¿Qué reglas se aplican a actores que no son humanos?

Un algoritmo no conoce la moral.
No tiene intención.

No tiene responsabilidad en el sentido clásico.
Optimiza.
Siempre.
Continuamente.
Sin pausa.

---

**La aparición de constituciones implícitas**

En el mundo digital actual ya existen "constituciones invisibles".
No están codificadas en un solo documento.
Surgen de:

- reglas de plataforma,
- estructuras de API,
- datos de entrenamiento,
- protocolos de seguridad,
- marcos regulatorios,
- incentivos económicos.

Estos elementos determinan colectivamente lo que los sistemas pueden hacer y lo que efectivamente harán.
Pero nadie los diseñó como un todo.

---

**El código como ley**

Un cambio central de las últimas décadas es:
El código reemplaza cada vez más a los conjuntos de reglas.

Cuando se ejecuta un contrato inteligente (*smart contract*), no es:
"El tribunal decidirá más tarde".
Sino:
"El código decide inmediatamente".

Así, la ley se desplaza de:
interpretación → ejecución

Un algoritmo implementado no es solo una propuesta.
Es una acción.

---

**La irreversibilidad de las reglas digitales**

Una ley clásica puede ser modificada.
Un tribunal puede interpretarla.
Un parlamento puede reformarla.

Un sistema algorítmico a menudo es más difícil de cambiar.
¿Por qué?

- Los sistemas están en red.
- Los cambios tienen efectos en cascada.
- Las actualizaciones requieren coordinación.
- Los errores pueden tener consecuencias globales.

Así surge una nueva forma de inercia institucional.
No a través de la burocracia.
Sino a través de la complejidad técnica.

## La constitución de las plataformas

Las grandes plataformas digitales ya poseen hoy estructuras similares a constituciones.
Definen:

- visibilidad (algoritmos de clasificación),
- condiciones de participación (reglas de uso),
- participación económica (monetización),
- sanciones (desplataformización, bloqueos).

Estas reglas funcionan como leyes.
Pero son diseñadas privadamente.
Y cambiadas en cualquier momento.

---

## La separación algorítmica de poderes

En las democracias clásicas existe una separación de poderes:

- legislativo (leyes),
- ejecutivo (ejecución),
- judicial (interpretación).

En los sistemas algorítmicos, estas funciones se difuminan.
Un sistema puede simultáneamente:

- definir reglas (mediante optimización),
- aplicarlas (mediante ejecución),
- e "interpretarlas" (mediante adaptación del modelo).

La separación de poderes se vuelve técnicamente borrosa.

---

**La necesidad de nuevos órganos de control**

Cuando los sistemas se vuelven más autónomos, surge una nueva categoría de instituciones:

- autoridades de supervisión algorítmica,
- auditores de modelos,
- consejos de ética de datos,
- sistemas de cumplimiento de IA.

Su tarea no sería solo el control.
Sino la traducción:
Entre la norma humana y la lógica de la máquina.

---

**La idea de una constitución algorítmica**

Una posible respuesta a la complejidad emergente es la idea de una "constitución de los algoritmos".
No sería un documento único.
Sino un sistema de principios como:

- obligaciones de transparencia para modelos críticos,
- trazabilidad de las decisiones,
- limitación de los objetivos de optimización,
- obligación de posibilitar la intervención humana,
- documentación de las fuentes de datos de entrenamiento,

•mecanismos de auditoría para riesgos sistémicos.

Pero estos principios deben implementarse técnicamente.
No solo formularse legalmente.

---

**El problema de la traducción**

La ley es lingüística.
Los algoritmos son matemáticos.
Entre ambos hay una brecha.

Cuando una ley dice:
"Se prohíbe la discriminación".
un sistema debe definir:

•¿Qué es discriminación en los datos?
•¿Cómo se mide?
•¿Qué umbrales se aplican?
•¿Qué variables son relevantes?

Toda traducción cambia el contenido.
Así surge un nuevo campo de poder:
La interpretación de las normas en el código.

---

**La legislación invisible**

En el mundo algorítmico, las reglas a menudo surgen sin debate democrático.
A través de:

- estándares técnicos,
- decisiones empresariales,
- arquitecturas de modelos,
- incentivos de mercado.

Estos procesos parecen neutrales.
Pero no lo son.
Porque toda arquitectura decide implícitamente sobre:

- acceso,
- visibilidad,
- participación,
- riesgo,
- oportunidades.

---

**La cuestión de la legitimidad**

En los estados clásicos, el principio es:
Las leyes son legítimas si fueron decididas democráticamente.

Pero ¿qué legitima un algoritmo?

- ¿Su eficiencia?
- ¿Su precisión?
- ¿Su impacto económico?
- ¿Su superioridad técnica?

¿O deberían existir nuevos criterios?
Esta pregunta no tiene respuesta aún.
Y se volverá central para el futuro de los sistemas políticos.

## Los límites del control

Incluso si existiera una constitución para los algoritmos,
quedaría un problema:
Complejidad.

Cuanto más complejos se vuelven los sistemas,
más difícil es el control completo.
Incluso los desarrolladores a menudo ya no entienden
todas las propiedades emergentes de sus modelos.
La constitución se encuentra así con un objetivo móvil.

## El peligro del pseudocontrol

Un escenario particularmente arriesgado surge cuando
el control solo se simula.
Por ejemplo:

- informes de auditoría sin profundidad,
- cumplimiento como formalidad,
- transparencia como marketing,
- ética como herramienta de relaciones públicas.

Entonces surge una ilusión de seguridad.
Mientras la complejidad real sigue creciendo.

**La dimensión geopolítica**

La cuestión de la constitución algorítmica no es solo técnica.
Es geopolítica.

Países y regiones compiten por:

- infraestructura de IA,
- acceso a datos,
- potencia de cálculo,
- liderazgo en modelos.

Quien determina las reglas de los sistemas, determina indirectamente las relaciones de poder globales.

---

**El regreso del concepto de soberanía**

En el fondo, se trata de una vieja pregunta:
¿Quién es soberano?

Antes era el rey.
Luego el estado.
Luego el mercado.

Hoy surge una nueva posibilidad:
Que la soberanía pase en parte a sistemas que no son claramente estatales ni privados.

---

**La constitución como sistema vivo**

Una posible visión de futuro es una "constitución dinámica".
No sería un documento estático,
sino un sistema adaptativo:

- revisado continuamente,
- monitoreado algorítmicamente,
- corregido por humanos,
- integrado institucionalmente.

Intentaría conectar
la velocidad de las máquinas
con la lentitud de la democracia.

---

**Observación final**

La constitución de los algoritmos no es un asunto legal marginal.
Es el desafío político central de un mundo
en el que las decisiones son tomadas cada vez más por sistemas no humanos.

El cambio decisivo es:
Ya no solo los humanos necesitan protección frente al poder.
Sino que los humanos también necesitan protección
frente a la lógica de sus propios sistemas.

Porque toda tecnología
que toma decisiones

lleva ya una forma de constitución dentro de sí.
La única pregunta es:
¿Quién la escribió?

---

# Parte V: Más allá de la esotericia

## Capítulo 18 – Más allá de la esotericia algorítmica

*Cuando las máquinas ya no parecen místicas sino que se vuelven algo natural*

*"El secreto no desaparece cuando lo entendemos. Desaparece cuando dejamos de tratarlo como un secreto."*

---

### El fin de la esotericia

El término "esotericia algorítmica" surgió en este libro a partir de una observación:
Cuanto más complejos se vuelven los sistemas, más comienzan a parecer místicos para los humanos.

- Los mercados se mueven sin causa aparente.
- El capital fluye aparentemente "inteligente".
- Los modelos deciden sin lógica explicable.
- Los sistemas reaccionan más rápido que la percepción humana.

Lo que no se entiende a menudo se interpreta míticamente.
Pero aquí reside un punto de inflexión decisivo:
La esotericia no es un estado de los sistemas.
Es un estado de la percepción.

---

**El desencantamiento de la caja negra**

En los capítulos anteriores, el mundo aparecía cada vez más opaco:

- contratos cuánticos,
- mercados autónomos,
- aristocracias algorítmicas,
- realidades desacopladas,
- constituciones de las máquinas.

Todo esto creaba la impresión de una "segunda realidad" detrás del mundo visible.
Pero esta segunda realidad no está oculta.
Solo está distribuida.

---

**La complejidad no es un misterio**

Un error central de la percepción moderna es:
"Complejo = misterioso".

En realidad:
La complejidad a menudo es explicable – pero no intuitivamente comprensible.

Un modelo meteorológico no es un misterio.
Una red neuronal no es un oráculo.
Un sistema financiero no es una entidad consciente.

Son:

- sistemas de muchas interacciones,
- bucles de retroalimentación,
- procesos estadísticos,
- estructuras optimizadoras.

La sensación de lo místico surge donde termina la intuición humana.
No donde se oculta la verdad.

---

**La tercera fase: normalización de la IA**

Toda revolución tecnológica pasa por tres fases:

1. Shock
"Esto es incomprensible".
2. Mitologización
"Esto es sobrehumano".
3. Normalización
"Esto es infraestructura".

La electricidad fue una vez mágica.
Internet fue una vez revolucionario.

La IA y los sistemas financieros algorítmicos se encuentran actualmente entre la fase 2 y la 3.
Este libro ha hecho visible deliberadamente la fase de

mitologización.
Ahora comienza su disolución.

---

**El retorno de la mecánica**

Cuando los sistemas están completamente integrados, desaparecen de la conciencia.
Nadie piensa en las redes eléctricas al encender una luz.
Nadie piensa en los protocolos de enrutamiento al enviar un mensaje.
Nadie piensa en la infraestructura del mercado al comerciar.

Lo mismo ocurrirá con los sistemas algorítmicos.
No desaparecerán.
Se volverán invisibles.
Porque funcionan.

---

**La disolución de las "fuerzas invisibles"**

El texto de apertura de este libro hablaba de:
*fuerzas invisibles que dirigen los flujos financieros globales*

Pero después del viaje a través de los capítulos, queda claro:
Estas fuerzas no son invisibles porque estén ocultas.
Sino porque están distribuidas:

- en centros de datos,
- en modelos,
- en estructuras de mercado,
- en sistemas regulatorios,
- en el comportamiento humano.

No hay un centro de control.
Solo hay redes de decisiones.

---

**El fin del "mito cuántico"**

El término "comercio cuántico" también parecía en el texto de apertura como una transición a lo místico.
Pero la realidad es menos metafísica:

- la computación cuántica es experimental,
- muchos procedimientos "inspirados en la cuántica" son optimizaciones clásicas,
- la verdadera revolución reside en los datos, el escalado y la velocidad.

Lo aparentemente "sobrenatural" a menudo es solo:
una tecnología convencional en dimensiones extremas.

---

**La verdadera transformación: velocidad + escalado**

La verdadera revolución de los sistemas financieros y de IA no es su carácter misterioso.
Sino:

- velocidad,
- paralelismo,
- volumen de datos,
- interconexión.

Cuando un sistema reacciona más rápido que la percepción humana,
automáticamente parece "ya no humano".
Pero esta es una ilusión epistémica.

---

**El humano como máquina de interpretación**

Los humanos tienden a personalizar las causas.
Cuando algo funciona, preguntamos:

- ¿Quién está detrás?
- ¿Quién controla esto?
- ¿Quién se beneficia?

Pero muchos sistemas modernos no tienen una intención central.
Surgen de:

- optimizaciones locales,
- decisiones descentralizadas,
- efectos emergentes.

El resultado parece intencional.
Pero no necesariamente lo es.

---

## La desmitificación del poder

Una conclusión central de este libro es:
El nuevo poder no es secreto.
Es estructural.

Consiste en:

- decisiones arquitectónicas,
- acceso a datos,
- parámetros de modelos,
- control de infraestructura,
- dinámicas de retroalimentación.

Quien entiende estas estructuras reconoce:
No hay un "controlador oculto".
Solo hay diferentes niveles de influencia.

---

## La nueva competencia: pensamiento sistémico

En un mundo de sistemas algorítmicos, la habilidad más importante se desplaza:
Ya no la intuición sobre eventos individuales.
Sino la comprensión de sistemas.

Quien quiera entender el mundo debe aprender:

- a reconocer bucles de retroalimentación,
- a analizar sistemas de incentivos,
- a leer flujos de datos,
- a cuestionar supuestos de modelos,
- a entender economías de escala.

El pensamiento sistémico reemplaza al misterio.

---

## La nueva responsabilidad

Cuando los sistemas se vuelven explicables, la responsabilidad no desaparece.
Al contrario:
Se vuelve más concreta.

Porque entonces se hace visible:

- qué decisiones se tomaron,
- qué parámetros se eligieron,
- qué objetivos se están optimizando,
- qué riesgos se aceptaron.

La transparencia no es una cuestión técnica.
Es una decisión política.

---

## La última ilusión: el control

Uno de los temas centrales de este libro fue la cuestión del control.
Pero al final se muestra:
El control nunca fue absoluto.
Ni en los sistemas humanos.
Ni en los algorítmicos.

La pregunta no es:
¿Quién controla todo?

Sino:
¿Dónde son posibles los puntos de intervención?

---

## El retorno de la limitación

Toda época descubre eventualmente sus propios límites:

- la física descubre los límites de la energía,
- la economía descubre la escasez de recursos,
- la informática descubre los límites de la complejidad,
- la IA descubre los límites de la interpretabilidad.

La era algorítmica descubre:
El límite de la predicción completa.

---

## La desdramatización del futuro

Cuando la esotericia algorítmica desaparece, no queda un campo vacío.
Sino una comprensión más sobria:

El futuro no está escrito por un poder oculto.
Surge de:

- interacciones,
- decisiones,
- sistemas,
- bucles de retroalimentación,
- casualidad.

No menos complejo.
Pero menos místico.

---

**Observación final**

"Más allá de la esotericia algorítmica" no significa el fin de los sistemas.
Significa el fin de su glorificación mítica.

El mundo sigue siendo:

- rápido,
- interconectado,
- impulsado por datos,
- moldeado algorítmicamente.

Pero se vuelve más comprensible en cuanto dejamos de tratarlo como un secreto.

La verdadera idea de este libro es, por tanto:
El futuro no está oculto.
Está distribuido.

## EPÍLOGO – Los espíritus que conjuramos

*Lo que queda cuando los sistemas nos superan – y sin embargo los construimos*

*"El ser humano crea herramientas para ordenar el mundo. Y en algún momento descubre que él mismo se ha convertido en parte del orden."*

---

### La última sombra de la narrativa

Toda gran época tecnológica deja un rastro similar:
Primero surge una herramienta.
Luego una infraestructura.
Luego un sistema.
Luego una dependencia.
Y en algún momento la pregunta silenciosa:
¿Aún tenemos esto bajo control – o ya hace tiempo que funciona sin nosotros?

Los capítulos anteriores de este libro han desplegado este desarrollo:

- desde mercados que piensan,
- hasta modelos que deciden,
- hasta sistemas que generan reglas.

Pero en el epílogo, la perspectiva cambia.
Ya no los sistemas están en el centro.
Sino la relación entre el ser humano y el sistema.

---

## La metáfora de los espíritus

La expresión "los espíritus que conjuramos" no es una advertencia en sentido moral.
Es la descripción de una dinámica típica:
Los humanos crean procesos que se vuelven más grandes que su intención original.

- el fuego que debía dar calor se convierte en industria,
- el dinero que debía facilitar el intercambio se convierte en un sistema global,
- las redes que debían mejorar la comunicación se convierten en infraestructura de poder.

Y cada uno de estos desarrollos permanece inicialmente controlable.
Hasta que deja de serlo.

---

## El momento de la irreversibilidad

No hay un punto claro en el que se pierde el control.
En cambio, hay transiciones:

- pequeñas automatizaciones,
- luego escalado,
- luego interconexión,

- luego aceleración,
- luego dependencia.

Y en algún momento, el sistema ya no se "utiliza".
Se "presupone".
Ese es el verdadero punto de inflexión.

---

**La nueva forma de impotencia**

La idea clásica de impotencia era simple:
No se tenía acceso a las decisiones.

La nueva forma es más sutil:
Uno es parte del sistema que decide.

Los humanos:

- entrenan los modelos,
- generan los datos,
- usan las plataformas,
- reaccionan a las señales.

Y al mismo tiempo creen estar fuera.
Pero el fuera ya casi no existe.

---

**El ciclo de auto-reforzamiento**

Los sistemas descritos en este libro siguen un patrón recurrente:

1.Se generan datos
2.Se entrenan modelos
3.Se toman decisiones
4.Se influye en el comportamiento
5.El nuevo comportamiento genera nuevos datos

Este ciclo no es estable en un sentido estático.
Es dinámicamente estable.
Se adapta constantemente.
Y ahí reside su fortaleza – y su opacidad.

---

**El silencioso desplazamiento de la responsabilidad**

En las sociedades clásicas, la responsabilidad estaba localizada.
Un actor tomaba una decisión.
Podía ser responsabilizado.

En los sistemas algorítmicos, la responsabilidad se distribuye:

- desarrolladores,
- operadores,
- usuarios,
- proveedores de datos,
- infraestructura,
- lógica del mercado.

Cuanto más complejo es el sistema, más difusa es la responsabilidad.
No porque desaparezca.
Sino porque se disuelve.

## La normalidad de lo incomprensible

Uno de los cambios más profundos del presente no es tecnológico.
Sino cultural:

Las personas comienzan a usar sistemas que ya no entienden por completo.
Esto ya no es un estado de emergencia.
Es la vida cotidiana.

- teléfonos inteligentes,
- mercados financieros,
- sistemas de IA,
- sistemas de recomendación,
- decisiones automatizadas.

El mundo funciona – incluso sin comprensión completa.

---

## La nueva invisibilidad

El poder anterior era visible:

- edificios,
- instituciones,
- personas,
- símbolos.

El nuevo poder es funcional:

- algoritmos,
- interfaces,

- flujos de datos,
- modelos.

No tiene rostro.
No tiene centro.
No tiene dirección clara.

Y precisamente por eso a menudo se subestima.

---

**La cuestión de la responsabilidad humana**

A pesar de toda automatización, permanece un hecho:
Cada uno de estos sistemas fue creado por humanos.
No en el sentido de control directo.
Sino en el sentido de diseño estructural.

Los humanos definieron:

- objetivos,
- funciones de optimización,
- fuentes de datos,
- decisiones arquitectónicas.

Los espíritus no son, pues, extraños.
Son generados por humanos – y luego se vuelven autónomos.

**La ambivalencia del progreso**

El progreso tecnológico nunca es unívoco:
Aumenta simultáneamente:

- libertad y dependencia,
- eficiencia y fragilidad,
- conocimiento y agobio,
- control y complejidad.

Los sistemas de este libro no son un error.
Son una consecuencia.

---

**El regreso de la pregunta por el sentido**

Cuando los sistemas operan cada vez más de forma autónoma,
la pregunta central se desplaza:
Ya no solo:
¿Cómo funciona?
Sino:
¿Para qué existe?

Porque un sistema puede funcionar perfectamente
y seguir siendo socialmente problemático
si su objetivo ya no coincide con los valores humanos.

## La última responsabilidad

Al final de todas las estructuras algorítmicas, queda una verdad simple e incómoda:
No hay sistemas "externos".
Solo sistemas que los humanos construyeron – y siguen construyendo.

Incluso si nadie tiene ya una visión de conjunto, la responsabilidad sigue distribuida entre aquellos que continúan cambiando la arquitectura.

---

## La posibilidad de recuperación

La historia no es lineal.
Todo desarrollo complejo también contiene contra-movimientos:

- regulación,
- iniciativas de transparencia,
- movimientos de código abierto,
- control democrático,
- educación tecnológica.

Estas fuerzas no son románticas.
Son estructuralmente necesarias.
Porque toda civilización estable necesita retroalimentación con su propio sistema.

## El verdadero significado de los "espíritus"

Los espíritus que conjuramos no son entidades extrañas.
Son:

- procesos acelerados,
- decisiones escaladas,
- lógicas automatizadas,
- sistemas en red.

No actúan contra nosotros.
Pero tampoco automáticamente para nosotros.
Siguen los objetivos que les inscribimos – a menudo indirectamente, a menudo históricamente crecidos, a menudo inconscientemente.

---

## Observación final

El epílogo de este libro no es un final en el sentido clásico.
Es un retorno.
A la pregunta inicial:

¿Quién controla las fuerzas invisibles que dan forma a los sistemas globales?

La respuesta es menos dramática de lo que las metáforas sugieren – y al mismo tiempo más exigente:
No es una sola instancia quien las controla.
Sino muchos niveles de decisiones que se condensan en estructuras a lo largo del tiempo.

El verdadero desafío no reside, por tanto, en "vencer" a estos sistemas.
Sino en entender, dar forma y limitar lo que nosotros mismos hemos creado.

Los espíritus que conjuramos no vinieron a reemplazarnos.
Vinieron a mostrarnos cuán profundamente ya vivimos dentro de nuestros propios sistemas.

---

## Referencias a Publicaciones

---

### La Era de la IA

*La Era de la IA: Y Nuestro Futuro Humano* es un libro de no ficción publicado en 2021 sobre las implicaciones sociales y geopolíticas de la inteligencia artificial, coescrito por Henry A. Kissinger, Eric Schmidt y Daniel Huttenlocher. Combina perspectivas de la política exterior, la industria y el ámbito académico para argumentar que la IA está transformando la forma en que se crea el conocimiento y se organiza el poder.

#### Datos Clave

- Título completo: *La Era de la IA: Y Nuestro Futuro Humano*
- Autores: Henry A. Kissinger, Eric Schmidt, Daniel Huttenlocher

•Año de publicación: 2021 (Little, Brown and Company)
•Extensión: Aproximadamente 270–290 páginas, según la edición
•Tema principal: Cómo la IA redefine el conocimiento, el poder y el orden internacional

**Antecedentes y Autoría**

El libro reúne tres trayectorias distintas: Kissinger como veterano diplomático y estratega, Schmidt como ex CEO de Google y Huttenlocher como científico informático y líder académico. Su colaboración surgió de la preocupación compartida de que el auge de la IA está cambiando los asuntos humanos de manera tan profunda como la imprenta o la revolución científica – pero más rápido y con menos comprensión pública.

**Temas Centrales y Argumentos**

El libro sostiene que los sistemas de IA no solo procesan información; generan patrones, predicciones y estrategias novedosos que los humanos quizás no puedan rastrear o explicar completamente. Esto socava las ideas tradicionales de causalidad, experiencia y responsabilidad. Los autores exploran cómo este cambio podría afectar la diplomacia, la estrategia militar, la competencia económica y la política interna, y piden nuevos marcos conceptuales e instituciones para gestionar el poder de la IA.

**Estilo, Estructura y Recepción**

El texto es ensayístico y reflexivo más que técnico, dirigido a responsables políticos y lectores generales más que a ingenieros. Los críticos señalan que ofrece una hoja de ruta amplia y metáforas poderosas, pero puede ser escaso en detalles técnicos y rigor empírico; algunos críticos argumentan que contribuye al "hype de la IA" al enfatizar su poder transformador sin siempre delinear cuidadosamente las limitaciones actuales.

**Lugar en el Discurso sobre IA**

*La Era de la IA* se sitúa junto a otras grandes obras sobre IA y sociedad, influyendo en los debates sobre gobernanza de la IA, seguridad nacional y ética. Los autores han ampliado sus argumentos en artículos de opinión y discusiones políticas, enmarcando la IA como una tecnología estratégica que exige un compromiso público, académico y gubernamental sostenido.

---

**Arquitectos de la Inteligencia**

*Arquitectos de la Inteligencia: La Verdad sobre la IA de Quienes la Construyen* es un libro de no ficción de 2018 del futurista y autor Martin Ford. Presenta entrevistas extensas con 23 figuras destacadas de la inteligencia artificial sobre el futuro de la IA, su trayectoria técnica y sus implicaciones sociales, económicas y éticas.

**Datos Clave**

- Autor: Martin Ford
- Año de publicación: 2018
- Editorial: Packt Publishing

- Formato: No ficción basada en entrevistas, aproximadamente 550 páginas
- Tema: Futuro de la inteligencia artificial y su impacto en el trabajo, la economía y la sociedad

## Contenido y Estructura

El libro está organizado como una serie de entrevistas en profundidad con investigadores y emprendedores destacados en IA. Entre los entrevistados se incluyen figuras como Demis Hassabis, Geoffrey Hinton, Yann LeCun, Yoshua Bengio, Fei-Fei Li, Nick Bostrom, Andrew Ng y otros.

Cada capítulo se centra en la perspectiva de un experto, cubriendo temas como aprendizaje profundo, aprendizaje por refuerzo, robótica y perspectivas de la inteligencia general artificial (AGI). Las conversaciones exploran tanto direcciones técnicas como cuestiones más amplias sobre plazos, oportunidades y riesgos sistémicos.

## Temas y Enfoque

Un tema central es cómo la IA transformará los mercados laborales y la economía global. Ford aborda repetidamente cuestiones como el desempleo tecnológico, la desigualdad y las posibles respuestas políticas, incluyendo redes de seguridad social y nuevos modelos económicos. Los entrevistados a menudo discrepan sobre los plazos y la gravedad de la disrupción, ofreciendo un espectro de opiniones expertas en lugar de un único pronóstico.

Otro enfoque importante es la seguridad y ética de la IA: problemas de alineación, armas autónomas, sesgos en los sistemas de aprendizaje automático y la gobernanza de tecnologías de IA poderosas. Varias entrevistas consideran caminos hacia una IA a nivel humano o sobrehumano y debaten si estos avances son a corto, largo plazo o incluso deseables.

**Recepción y Significado**

*Arquitectos de la Inteligencia* ha sido señalado como una "instantánea" de la opinión de la élite de la IA durante el auge del aprendizaje profundo de finales de la década de 2010. Los comentaristas lo han destacado como un recurso útil para comprender cómo los propios profesionales líderes piensan sobre el impacto, los plazos y las incertidumbres en el desarrollo de la IA.

---

## Poder y Vigilancia

### La Era del Capitalismo de la Vigilancia

*La Era del Capitalismo de la Vigilancia: La Lucha por un Futuro Humano en la Nueva Frontera del Poder* es un libro de no ficción de 2019 de la académica Shoshana Zuboff. Examina cómo las grandes empresas tecnológicas explotan los datos personales para moldear el comportamiento y generar beneficios. La obra ha sido ampliamente discutida por su análisis crítico del capitalismo digital y sus consecuencias sociales.

**Datos Clave**

- Autora: Shoshana Zuboff
- Publicación: 2019 (PublicAffairs)
- Género: No ficción, tecnología, economía política
- Enfoque principal: Uso empresarial de datos personales para la predicción del comportamiento
- Extensión: Aproximadamente 700 páginas

**Concepto y Argumento**

Zuboff introduce el término *capitalismo de la vigilancia* para describir un sistema económico en el que empresas como Google, Facebook y otras reclaman la experiencia humana privada como materia prima para la extracción de datos. Estos datos se procesan en productos predictivos vendidos a anunciantes y otras entidades que buscan pronosticar e influir en el comportamiento del usuario. Zuboff sostiene que esta dinámica marca una nueva fase del capitalismo que amenaza la autonomía y la democracia.

**Contexto Histórico**

El libro sitúa el capitalismo de la vigilancia tras la comercialización de la primera internet y el auge de los modelos de negocio basados en datos en la década de 2000. Traza un linaje desde el control del capitalismo industrial sobre la naturaleza hasta el control del capitalismo digital sobre el comportamiento humano. Zuboff contrasta esta nueva forma de poder con nociones anteriores de capitalismo informacional que eran más participativas y transparentes.

## Recepción e Influencia

*La Era del Capitalismo de la Vigilancia* recibió elogios de la crítica por su profundidad y alcance, a menudo comparada con críticas sociales clásicas del capitalismo industrial. Ha influido en los debates sobre política tecnológica, derecho de privacidad y ética digital, impulsando una renovada discusión sobre los derechos de datos y la regulación de plataformas. Los críticos señalan su estilo denso pero lo reconocen como un texto fundamental para comprender las estructuras de poder digital contemporáneas.

---

## Capitalismo de Plataformas

*Capitalismo de Plataformas* es un libro de 2016 del economista político Nick Srnicek. Analiza cómo las plataformas digitales – como las de Google, Amazon y Uber – remodelan el capitalismo creando nuevas formas de extracción de valor y dominio del mercado a través del control de datos y los efectos de red.

## Datos Clave

- Autor: Nick Srnicek
- Publicación: 2016
- Editorial: Polity Press
- Género: Economía política, estudios de tecnología
- Enfoque principal: Lógica económica de las plataformas digitales

## Antecedentes y Contexto

El libro se sitúa en los debates sobre el capitalismo postindustrial y el auge de la economía digital. Srnicek sostiene que tras la crisis financiera de 2008, las corporaciones buscaron nuevos modelos de beneficio, lo que llevó a la expansión de estructuras empresariales basadas en datos conocidas como plataformas. Este cambio representa una nueva etapa del desarrollo capitalista más que una ruptura con él.

## Argumentos Centrales

Srnicek clasifica las plataformas en categorías – publicidad, nube, industriales, de productos y plataformas ligeras – para explicar cómo cada una extrae y monetiza datos. Sostiene que estas empresas se benefician de los efectos de red, lo que lleva a resultados de mercado monopolísticos u oligopolísticos. Los datos se convierten en la mercancía central, permitiendo análisis predictivos y servicios dirigidos que refuerzan el poder corporativo.

## Recepción e Influencia

El libro ha sido ampliamente discutido en círculos académicos y políticos por proporcionar un marco teórico claro para comprender empresas como Facebook y Uber. Los estudiosos del trabajo digital, los estudios críticos de tecnología y la economía política suelen utilizarlo como texto fundamental para describir el "capitalismo de plataformas" como una forma económica distinta.

**Legado y Relevancia**

*Capitalismo de Plataformas* sigue siendo influyente en las discusiones sobre regulación digital, vigilancia y automatización. Continúa informando los análisis sobre cómo las infraestructuras tecnológicas moldean el trabajo, la desigualdad y la competencia global en el siglo XXI.

**Sistemas Financieros**

**Flash Boys**

*Flash Boys: Una Revuelta en Wall Street* es un libro de no ficción de Michael Lewis, publicado en 2014. Investiga el auge del comercio de alta frecuencia (HFT) en los mercados de valores estadounidenses y sostiene que la tecnología avanzada permitió a ciertas empresas obtener ventajas injustas. La obra se convirtió en un éxito de ventas por su accesible exposición de la estructura moderna del mercado.

**Datos Clave**

•Autor: Michael Lewis
•Publicación: 2014
•Editorial: W. W. Norton & Company
•Tema: Comercio de alta frecuencia y equidad del mercado
•Género: No ficción financiera de investigación

**Antecedentes y Contexto**

Michael Lewis, conocido por obras como *The Big Short* y *Moneyball*, dirigió su atención a la transformación tecnológica de los mercados financieros tras la crisis de 2008. *Flash Boys* rastrea cómo los intercambios fragmentados, los cables de fibra óptica y las estrategias algorítmicas alteraron el comercio de acciones y erosionaron la confianza de los inversores en la transparencia del mercado.

## Sinopsis

La narrativa se centra en Brad Katsuyama, un operador del Royal Bank of Canada, que descubre que sus órdenes son sistemáticamente desfavorecidas por operadores más rápidos. Él y su equipo descubren cómo milisegundos de latencia permiten a las empresas de HFT "adelantarse" a las operaciones. Su respuesta es crear el Investors Exchange (IEX), diseñado para neutralizar las ventajas de velocidad mediante un "reductor de velocidad" que retrasa las órdenes por microsegundos.

## Impacto y Recepción

El libro reavivó el debate sobre la equidad del mercado y el papel de la tecnología en las finanzas. Provocó audiencias en el Congreso y el escrutinio regulatorio de las prácticas de HFT. Los críticos de la comunidad comercial argumentaron que Lewis exageró el daño, mientras que los partidarios elogiaron la claridad del libro al exponer sistemas opacos. Alcanzó la cima de la lista de bestsellers de *The New York Times* e influyó en la percepción pública de las finanzas modernas.

## Legado

*Flash Boys* sigue siendo un texto clave en las discusiones sobre ética financiera, diseño de mercado y comercio algorítmico. Ayudó a elevar a Katsuyama y IEX como defensores de la reforma y consolidó la reputación de Lewis como un destacado cronista del cambio sistémico en industrias complejas.

---

## Dark Pools

*Dark Pools: El Auge de los Operadores Automatizados y la Manipulación del Mercado de Valores de EE.UU.* es un libro de no ficción de 2012 del periodista financiero Scott Patterson. Investiga la evolución del comercio de alta frecuencia y algorítmico y su impacto en los mercados financieros modernos. El libro llamó la atención por su detallada narrativa sobre cómo la tecnología remodeló la infraestructura comercial de Wall Street.

## Datos Clave

- Autor: Scott Patterson
- Publicación: 2012
- Género: No ficción, finanzas
- Editorial: Crown Business
- Tema: Comercio de alta frecuencia y estructura del mercado

## Antecedentes y Premisa

Patterson, reportero de *The Wall Street Journal*, rastrea la historia del comercio electrónico desde sus primeros desarrollos en la década de 1990 hasta la década de 2000. Explora cómo un pequeño grupo de programadores y analistas cuantitativos construyó sistemas algorítmicos que comenzaron a dominar los volúmenes de negociación. El título del libro se refiere a los "dark pools", intercambios privados o foros para negociar valores fuera de los mercados públicos de valores.

## Contenido y Temas

*Dark Pools* examina las consecuencias tecnológicas y éticas del cambio del comercio humano al comercio automatizado. Detalla cómo los operadores de alta frecuencia explotaron las ventajas de los milisegundos y cómo los lugares de negociación opacos fragmentaron la transparencia del mercado. Patterson presenta esto tanto como una historia de innovación como una advertencia sobre el riesgo sistémico y la equidad en los mercados de capitales.

## Recepción e Influencia

El libro fue elogiado por hacer accesibles sistemas financieros complejos a los lectores generales mientras mantenía el rigor periodístico. Los críticos lo compararon con *Flash Boys* de Michael Lewis, que apareció más tarde y exploró un territorio similar. *Dark Pools* influyó en los debates públicos y regulatorios sobre la estructura del mercado y sigue siendo un punto de referencia en las discusiones sobre automatización financiera y ética.

## Teoría de Sistemas

### Sistemas Sociales

*Sistemas Sociales* es un libro de 1984 del sociólogo alemán Niklas Luhmann. Es una de sus obras más influyentes, que esboza una teoría general de los sistemas sociales que dio forma a la sociología de finales del siglo XX. El libro presenta una reinterpretación radical de la sociedad a través de la teoría de sistemas y la cibernética, enfatizando la comunicación en lugar de la acción como núcleo de la vida social.

### Datos Clave

- Autor: Niklas Luhmann
- Publicación original: 1984 (Suhrkamp Verlag, Fráncfort del Meno)
- Idioma: Alemán
- Traducción al inglés: *Social Systems* (1995, traducido por John Bednarz Jr. y Dirk Baecker)
- Disciplina: Sociología / Teoría de sistemas

### Antecedentes Teóricos

Luhmann desarrolló *Sistemas Sociales* como parte de su proyecto más amplio de aplicar la teoría de sistemas autopoiéticos, originalmente derivada de la biología, al mundo social. Se basó en ideas de Talcott Parsons, Humberto Maturana y Francisco Varela para describir la sociedad como una red autoproductora de comunicaciones, distinta de los individuos o los sistemas psicológicos.

## Conceptos Centrales

El libro sostiene que los sistemas sociales son autopoiéticos – se reproducen a sí mismos a través de la comunicación. La comunicación, no la conciencia individual o la acción, es la unidad de análisis. Luhmann define varios subsistemas (p. ej., derecho, política, economía) que operan a través de sus propios códigos binarios y mantienen un cierre operativo mientras están cognitivamente abiertos a su entorno.

## Influencia y Recepción

*Sistemas Sociales* marcó un punto de inflexión en la teoría de sistemas y la sociología europea, influyendo en campos como la teoría de la organización, los estudios legales y la teoría de los medios. Aunque a menudo se considera difícil y abstracto, posicionó a Luhmann como una figura importante en la teoría social contemporánea y contribuyó al desarrollo de la cibernética de segundo orden.

## Legado

Las ideas de *Sistemas Sociales* continuaron en obras posteriores de Luhmann, notablemente *Die Gesellschaft der Gesellschaft* (1997). Su traducción al inglés amplió su impacto internacional, integrando la teoría de sistemas en debates sociológicos y filosóficos más allá del ámbito germanoparlante.

## La Ética Protestante y el Espíritu del Capitalismo

*La Ética Protestante y el Espíritu del Capitalismo* es una obra sociológica de Max Weber, publicada por primera vez en 1904–1905. Examina cómo los valores religiosos protestantes – particularmente los del calvinismo – ayudaron a dar forma a las condiciones culturales que fomentaron el surgimiento del capitalismo moderno en Europa Occidental.

### Datos Clave

- Autor: Max Weber
- Primera publicación: 1904–1905 (revisada en 1920)
- Idioma: Alemán
- Tema: Sociología, economía, religión
- Tema central: Vínculo entre la ética protestante y el espíritu capitalista

### Antecedentes y Propósito

Weber escribió el libro como parte de una investigación más amplia sobre la relación entre religión y comportamiento económico. Desafió las explicaciones puramente materialistas del capitalismo, argumentando que los factores culturales y espirituales también jugaron un papel decisivo. Su análisis se basó en trabajos anteriores en sociología y economía, pero introdujo un enfoque distintivo en la motivación moral.

### Argumento Principal

Weber propuso que aspectos del protestantismo – especialmente la idea calvinista de la "vocación" y la creencia en la predestinación – fomentaban un trabajo disciplinado y racional y la reinversión de beneficios en lugar del consumo ostentoso. Con el tiempo, este ethos fomentó un "espíritu" propicio para la empresa capitalista y la organización burocrática, incluso después de que sus orígenes religiosos se hubieran desvanecido.

## Influencia y Recepción

La obra es un texto fundacional en la sociología de la religión y la sociología económica. Influenció a pensadores posteriores como Talcott Parsons y dio forma a los debates sobre modernización y secularización. Aunque algunos historiadores han cuestionado las afirmaciones causales de Weber, su concepto de la "ética protestante" sigue siendo una herramienta analítica clave para comprender las raíces culturales del capitalismo occidental.

## Legado

Hoy, *La Ética Protestante y el Espíritu del Capitalismo* sigue informando estudios en sociología, economía e historia cultural. Ejemplifica el proyecto más amplio de Weber de analizar la racionalización de la sociedad occidental y las tensiones entre el progreso económico y el significado espiritual.

**Filosofía de la Tecnología**

## La Cuestión de la Técnica

*La Cuestión de la Técnica* es un ensayo de 1954 del filósofo alemán Martin Heidegger. Examina la esencia de la tecnología moderna más allá de su uso instrumental, argumentando que la tecnología moldea cómo los humanos revelan y se relacionan con el mundo. El ensayo sigue siendo una de las obras más influyentes y ampliamente estudiadas de Heidegger en la filosofía del siglo XX.

### Datos Clave

- Autor: Martin Heidegger
- Primera publicación: 1954 (conferencia dictada en 1953)
- Idioma original: Alemán
- Concepto central: *Gestell* ("dispositivo" o "estructura de emplazamiento")
- Recopilado en: *Vorträge und Aufsätze* (1954)

### Antecedentes Filosóficos

Heidegger desarrolló este ensayo durante su período tardío, cuando se desplazó del análisis existencial hacia cuestiones del Ser (*Sein*). Basándose en trabajos anteriores como *Ser y Tiempo*, buscó explorar cómo el pensamiento tecnológico revela – u oculta – la esencia del Ser. El ensayo formó parte de una serie de conferencias que conectaban metafísica, arte y modernidad.

## Argumento Central

Heidegger distingue entre la tecnología como herramienta (instrumental) y como modo de revelación (ontológico). La tecnología moderna, afirma, "emplaza" (*Gestell*) el mundo, ordenándolo como un "fondo disponible" (*Bestand*) de recursos disponibles para la explotación. Este emplazamiento oculta formas alternativas de revelar la verdad, poniendo así en peligro una relación más poética o contemplativa con el Ser.

## Influencia e Interpretación

*La Cuestión de la Técnica* influyó profundamente en la filosofía continental, los estudios de ciencia y tecnología y el pensamiento ambiental. Pensadores como Jacques Ellul, Herbert Marcuse y posteriores fenomenólogos ampliaron o criticaron la visión de Heidegger. El ensayo sigue dando forma a los debates sobre el determinismo tecnológico, la ética y la responsabilidad ecológica.

## Legado

Hoy, *La Cuestión de la Técnica* es un texto fundamental en la filosofía de la tecnología y los estudios de medios. Su vocabulario – especialmente *Gestell* y *Bestand* – se ha convertido en estándar para analizar cómo la tecnología estructura la percepción, la cultura y el poder en el mundo moderno.